김규호 수필집

가람과 뫼가 들려주는
지구촌 일기

소소21

가람과 뫼가 들려주는
지구촌 일기

김규호 수필집

1판 1쇄 인쇄/ 2014년 4월 1일
1판 1쇄 발행/ 2014년 4월 5일

지은이 / 김규호
펴낸이 / 우희정
펴낸곳 / 도서출판 소소리

등록 / 제300-2007-21호
주소 110-521 서울 종로구 명륜동 1가 33-90
경주이씨 중앙회빌딩 302-1호
전화 / 765-5663, 766-5663(Fax)
e-mail: sosori39@hanmail.net
www.sosori.net

값 10,000 원

*잘못된 책은 바꿔드립니다.

ISBN 978-89-97294-60-2 03810

가람과 뫼가 들려주는
지구촌 일기

소소21

책을 내면서

　최근에 이상한파가 북미대륙을 강타하고 있다. 세상이 점점 어지럽고 혼란스러우니 날씨도 덩달아 제정신이 아닌 모양이다. 지난여름 폭염으로 뉴스화면을 뜨겁게 달구었던 바로 그 지방들이 이번에는 수십 년 만의 이상한파로 심한 몸살을 앓고 있다.
　냉탕과 온탕을 오고가는 날씨처럼, 지나온 내 삶의 기상도도 역시 그러했던 것 같다. 삶의 열정과 의욕이 펄펄 끓어 넘치던 시절이 있었나 하면, 때 아닌 한파에 칼바람마저 쌩쌩 불어와 몹시도 춥고 시린 시절도 있었다. 적도의 뙤약볕 아래서 땀을 비 오듯 쥐어짜며 날마다 한증막 같은 열대 섬을 누비기도 하고, 얼어붙은 동토에서 마음까지 웅크리며 살아낸 조금은 특별한 내 삶의 흔적들을 정리해 보았다.
　사오 년 열심히 공부해서 귀국하리라 생각하고 시작했던 유학생활이 한 차례 핸들을 잘못 꺾었다가 뜻밖의 복병을 만나 학위를 마치는데 적지 않은 시간이 소요되었다. 그 늘어난 세월만큼 고난도 겪었지만 그만큼 독자들에게 들려줄 이야기도 늘어났으니 손해 볼 것 없었다는 생각이다. 지구촌 나그네로 떠돌기 30년, 내 아둔

한 필설로 빚어내기에는 아쉬움이 많지만 서두르지 않고 차분히 엮어보기로 했다.

꿈 많던 청소년 시절, 유난히 병치레를 많이 했다. 경기, 관절염, 홍역, 맹장염, 장티프스, 결핵, 늑막염, 복막염, 위경련, 눈병, 백일해 등 셀 수없이 많은 병으로 여러 차례 죽을 고비를 넘기며 삶의 의욕을 완전히 잃고 말았다. 그러다가 아픔의 터널을 겨우 벗어나 건강을 되찾고 새로운 희망을 막 꿈꾸기 시작 하던 시기에 「청춘예찬」, 「수필」, 「신록예찬」, 「낙엽을 태우면서」, 「백설부」 등의 명수필들을 교과서에서 만났다. 당시 내 희망의 길잡이이자 등대들이었다. 이 명문들을 읽고 또 읽으며, 남몰래 가슴속에 묻어 두었던 수필가의 꿈. 삶의 격랑에 휩쓸려 허우적대는 동안 멀어진 줄 알았던 그 꿈이 내 가슴 한 모퉁이 어디엔가 미세한 불씨로 살아있었던 모양이었다.

그 불씨가 인터넷 문학사이트를 만나면서 재점화 되었다고 할까. '시인의 마을', '마로니에 숲', '글사랑 오솔길', '피플475' 등의 사이트에 드나들며 '가람과 뫼'라는 아이디로 살아왔던 흔적을 남겼다. 그때 활동하면서 좋은 문필가들과의 교류가 있었기에 내 문학이 조금은 더 탄력을 받을 수 있었으리라.

일상 중에서 문득문득 찾아드는 생각이나 소중한 인연, 독백처럼 풀어 쓴 글들을 네 개의 바구니에 담아 보았다.

'추억의 오솔길'은 내 삶의 오솔길에서 만날 수 있었던 아릿한 추억들이 살아 숨 쉬는 이야기다. 달리는 추억열차를 타고 지나온 삶의 흔적을 찾아 떠나는 시간여행에서 야금야금 건져 올린 보석 같은 이야기다.

'사색의 벤치' 내가 평소 생각해오던 사상이나 의문스런 질문들에 대해 이런저런 생각들을 정리한 단상이나 개인적인 고민의 흔적들을 모아본 벤치다.

'인연의 샘터'는 30년 가까운 외국생활을 하는 동안 만났던 인연들 가운데, 특별한 의미로 다가온 이들의 삶과 그들이 갖는 존재의 의미에 포커스를 맞추었다. 어느 하나 중요하지 않은 만남이 있겠냐만, 어렵고 힘든 고비에서 만나 기적처럼 삶의 용기와 힘이 되어준 귀한 인연들을 부각시켜 보았다.

'일상의 뜨락'은 말 그대로 평범한 일상을 담고 있다. 무료하고 단조로운 이민생활의 틀에서 조금은 벗어난 특이한 체험이랄까. 무미건조한 일상 중에서 작은 감동으로 다가왔거나 눅진한 여운을 남긴 생활의 단편들이다.

수필집 발간은 삶의 속살을 여지없이 드러내는 일이라 조심스럽고 부끄러워 적잖은 용기가 필요하였다. 오래전에 수필문단에 등단을 하고서도 너무 활동이 없다는 지인들의 충고도 있고, 가까이 지내는 문우들의 적극적인 권유가 있었기에 용기를 낼 수 있었다.

수백 편의 작품을 쌓아두고 미적거리던 내게 첫 작품집을 상재할 수 있도록 용기와 격려를 아끼지 않으신 안귀순 선생님과 이곳의 여러 지인들께도 감사드린다. 묵묵히 집필을 도와준 아내와 마음속으로 뜨거운 성원을 보내주는 세 아이들에게도 고맙다는 말을 전하고 싶다.

갑오년 정월.

저자 김규호

▷ 차 례

▷ 책을 내면서 ‖ 저자
▷ 발문 ‖ 안귀순

1. 추억의 오솔길

스쳐 지나칠 수 없는 간이역 —▸14
한 지붕 지구촌 —▸22
민간 외교 —▸27
간첩 소동 —▸32
지옥에서 천당으로 —▸38
어느 달동네 —▸44
특별한 노크 —▸49
첫 수업 —▸54
큰 바위 친구 —▸60
세상에서 가장 맛없는 김치 —▸64
세상에서 가장 맛있는 김치 —▸70

2. 일상의 뜨락

76 • ― 낯선 출근길
82 • ― 허리케인
86 • ― 스쿨존 징크스
92 • ― 일상 탈출
97 • ― 고들빼기 예찬
102 • ― 한 마음 큰 잔치
106 • ― 위험한 손님
113 • ― 어머니와 오늘의 운세
118 • ― 고향의 맛
122 • ― 꽁치찌게 사랑
127 • ― 아내의 텃밭
133 • ― 중내생이 거북이

3. 사색의 벤치

카멜레온 바다 —▸ 138
조약돌 마을 —▸ 143
출장길에서 —▸ 147
행복의 토대 —▸ 152
바람 부는 세상 —▸ 161
아버지의 위기 —▸ 167
망각의 축복 —▸ 171
마음과 생각 —▸ 176
내 작은 마음주머니 —▸ 181
잃어버린 것들 —▸ 185
사라지는 들성 —▸ 189
아메리칸 진돗개 —▸ 193
고마운 일꾼 —▸ 198
공룡들의 퇴장 —▸ 203
백두산의 분노 —▸ 210

4. 인연의 쉼터

216 ← — 어떤 인연
222 ← — 와싱톤 선생님
228 ← — 어느 노부부
233 ← — 인연의 샘터
238 ← — C형에게
243 ← — 운명의 만남
248 ← — 아름다운 도전
252 ← — 가난한 천사부부
258 ← — 의리의 사나이
262 ← — 감나무에 심은 꿈
268 ← — 신념의 축복

1.
추억의 오솔길

스쳐 지나칠 수 없는 간이역

 추억이란 그리움을 동반하는 여행인가. 과거행 티켓을 끊고 그리움의 탐사가 시작되면 내 마음을 실은 추억열차는 단숨에 26년의 세월을 뛰어넘어 어느 작은 간이역에 멈추어 선다. 이 간이역에 닿자마자 내 마음은 바삐 작은 마을로 향한다.
 캐나다의 토론토에서 북서쪽으로 3시간쯤 차로 달리면 닿는 소읍이다. 입구에 이르면 Formosa라는 작은 입간판 하나가 방문객을 따뜻하게 맞아주는 평화롭고 아담한 곳이다. 거리나 창문마다 곱게 잘 가꾸어진 화분들이 고운 빛과 향기로 나그네 마음을 흔드는 고요한 시골 마을이다.
 마을입구에 들어서면 대리석으로 지은 제법 커다란 성당 하나가 시야에 들어온다. 언덕 위에 우람하게 서 있는 풍경이 퍽 인상적이다. 다가가서 연혁을 읽어보니 7년이란 긴 공사기간을 거쳐 1880년도에 완공되었단다. 건축 장비들이 요즈음만 못하다 할지라도 이토록 긴 세월 동안 공을 들여 탑을 쌓은 그 정성이 놀랍다. 정해진 공기(工期)에 맞추기 위해 뚝닥 지어버리는 요즈음의 건축세태를 감안하면 더욱 그렇다.

인구래야 고작 450명인 소읍에 이렇게 커다란 교회가 있다니. 조금은 이해가 되지 않는 부분이다. 아마도 대부분의 주민들이 신앙의 뿌리가 깊은 카톨릭 신자들인 듯싶다. 성당 뒤로는 아담하게 가꾸어진 공동묘지가 위치하고 있는데, 묘지라 일컬어 으스스한 느낌부터 떠올리면 큰 오산이다. 예술적으로 정성껏 다듬은 각양각색의 예쁜 묘비들이 어깨를 나란히 하고 따스한 햇살을 받고 있는 모습은 지극히 평화롭고 정겹다.

이 마을과 나에게 아름다운 추억과 인연의 고리를 만들어 준 이는 다름 아닌 데이비드 교수이다. 44세의 아까운 나이로 유명을 달리하고 말았지만, 내 마음 속에 하늘의 별처럼 반짝이며 살아있는 영원한 스승이자 형님 같으신 분이다.

이 마을에는 오래전에 화석이 되어버린 산호초들이 거리 곳곳에 흩어져 있다. 약 4억 년 전, 먼 과거의 바다 속에서 찬란하게 꽃을 피웠을 산호초들이 모질고도 처절했던 세파를 견뎌내며 미라처럼 살아남은 결사대들이다. 살아생전 데이비드 교수는 시퍼런 한을 드러내며 이 마을 곳곳에 흩어져 있는 이들이 남모르게 간직하고 있는 이야기들을 파헤치고 싶어 했던 성실한 학자였다. 당신을 대신해서 그들이 들려주는 속 깊은 얘기를 듣고 오라고 나에게 과제를 주었던 모양이다.

초겨울이면 만물이 꽁꽁 얼어붙는 이 동토(冬土)에 산호초라니? 상전이 벽해라도 되었단 말인가. 먼 과거에는 한대와 열대의 구분도 없었단 말인가. 이렇게 먼 내륙지방에 바다에 있어야 할 산호초가 화석이 되어가며 버티고 있으니 예사롭지 않은 일이다. 궁금함과 호기심이 꼬리에 꼬리를 물어 많은 학자들의 마음을 달뜨게 했다.

데이비드 교수가 생전에 카리브 해의 현생 산호초의 연구에 지대한 집착을 보인 이유도, 그리고 여름이면 열대의 조그마한 섬에 머물며 온 정열을 다 바치고 끝내 그곳에서 유성처럼 산화한 이유도, 알고 보면 이들 화석산호초에 대한 궁금증을 풀어줄 열쇠를 찾고 싶어서였다.

그래서 그는 생명의 위험을 무릅쓰고 화석산호초들이 간직한 비밀스런 역사에 조금이라도 더 가까이 다가서고 싶어 했다. 이 일을 위해 결국 자신의 목숨까지 내어 놓고 말았다. '현재는 과거의 열쇠'라는 말을 신봉하며, 과거의 열쇠를 구하기 위해 현재 눈앞에서 일어나고 있는 자연현상들을 좀 더 면밀히 관찰하고 이해하기 위해 모든 열정을 아낌없이 바쳤다. 이미 먼 과거 속으로 묻혀버린 신비와 흔적들을 이해하고 판단할 수 있는 귀중한 열쇠를 찾기 위해 어떤 험난한 도전도 모험도 두려워하지 않으신 분이다.

지금은 아무도 찾지 않는 외딴 마을에 불과하지만, 먼 과거 한 때에는 각양각색의 생물들이 구중궁궐을 짓고 오색찬란한 고기의 무리들이 노닐던 열락이었다. 아득히 긴 세월의 침식에 그 찬란했던 역사는 커다란 상처를 입고 말았지만, 그나마 이렇게 희미한 자취로나마 남아 있어 가슴을 쓸어내릴 수 있었다. 돌이켜보면, 당시 이 화석산호초들과 날마다 끊임없이 대화를 주고받으며 이 작은 마을에서 보냈던 소중한 시간들과 추억들이 있어 얼마나 감사한지 모르겠다.

이 마을에서 만났던 주민들, 초목들, 유유자적 풀을 뜯고 있던 젖소들, 그리고 긴 세월에 처참히 할퀴고 찢긴 가슴을 한처럼 드러내고 있는 화석산호초들이 한 폭의 그림이 되어 두고두고 내 그리움의 촉수를 자극한다. 그 오랜 세월 말문을 닫고 지내 왔던 산호초들의 입을 열게 하고 그들의 언어들을 이해하고 듣는 것이 내게 주어진 과제였다.

데이비드 교수는 이 한 많은 화석산호초들이 세월과 더불어 겪어왔던 흥망성쇠의 역사를 읽어내고 그들의 내부에서 들려오는 소리들을 들려달라고 했다. 흥망성쇠의 아픔 속에 녹아있는 그들의 생생한 목소리와 이야기들을 말이다.

내 나라 내 땅의 역사를 밝히고 찾아내는 것도 어려운 일이거늘, 이토록 낯설고 생소한 지역의 긴 세월 역사를 밝혀보라니. 그것도 현장이 잘 보존된 것도 아니고, 긴 세월의 풍상 속에 겨우 손톱만큼 남아있는 잔해들로부터…. 솔직히 처음 이 얘기를 듣는 순간은 참으로 막막하고 답답한 느낌이었다. 그러나 어쩌랴. 꿈을 달성하기 위해서는 어차피 넘어야 할 도전이 아닌가. 입술을 지그시 깨물고 스스로에게 최면을 걸었다.

이 낯선 마을의 4억 년 전에 대한 역사 탐험은 이렇게 시작되었다. 날마다 여기저기 흩어진 산호초의 잔해들을 찾아다니며, "너의 이야기들을 들으러 왔으니 허심탄회하게 지난 얘기들을 들려다오"라고 수도 없이 말을 건넸다. 살아있는 사람들의 마음을 열기도 쉽지 않거늘, 하물며 화석화 되어버린 저 산호초들의 빗장을 도대체 어떻게 풀어야할까. 이들이 오랜 세월 간직한 한의 비밀과 심장부에 다가서는 일은 처음 예상처럼 결코 호락호락하지 않았다.

날마다 찾아가 하루 종일 관찰하고 또 관찰하여도 꿈쩍도 않았다. 달래보고 회유하여 보아도, 그 속내를 전혀 털어놓지 않았다. 먼 나라에서 찾아온 네가 내 한을 얼마나 이해하고 달래주겠냐며 콧방귀를 끼는 것인지, 아무리 간청을 해도 미동도 하지 않았다. 닿을 듯 닿을 듯하다가 가까이 접근하면 저만치 물러나고 그러다가 흔적도 없이 사라지는 피안의 영봉같이 느껴졌다. 삼고초려의 심정으로 두 달을 머물며 날마다 이곳저곳을 관찰하며 꾸준히 말을 걸었다. 지성이면 감천이라 했던가. 도무지 꿈쩍도 않던 이들이 드디어 조금씩 빗장을 풀어주기 시작했다.

하루도 빠짐없이 찾아오는 이방객의 정성에 감화된 탓일까. 아니면 날마다 찾아와 애원을 하다가 억지도 부리는 친구가 귀찮아졌던 탓일까. 그 이유가 어떠했든, 대화의 물꼬가 트이자 베일에 가려있던 이야기들이 봇물처럼 쏟아졌다. 그토록 답답하고 막막하여 보였던 이들의 정체와 긴 세월 묻혀있던 역사들이 먼 산의 아지랑이처럼 희미하나마 조금씩 보이기 시작했다.

가려졌던 베일이 하나씩 하나씩 걷혀지는 희열 때문에 육체적으로 몹시도 피곤한 일정이었지만 나름대로 즐거움을 유지할 수 있었다. 획득된 샘플과 자료들 때문에 배낭의 무게는 점점 더해 갔지만, 그만큼 하나씩 새로운 깨달음을 키워갈 수 있었기에 그 엄청난 무게를 기꺼이 감당할 수 있었다.

현장을 발로 뛰면서 관찰했거나 이들과 대화하며 깨달았던 이야기들, 그리고 실험실에서 불을 늦게까지 밝히며 탐구했던 내용물들을 논문에 한가득 담아 데이비드 교수에게 무사히 전할 수 있어서 얼마나 기뻤는지 모른다. 이 화석산호초들과의 만남으로 내 인생에서 하나의 중요한 매듭을 지을 수 있었음에 큰 보람으로 여기고 있다.

이 프로젝트를 계기로 자연과 내 삶과 학문을 좀 더 진지하게 바라볼 수 있는 눈을 뜰 수 있었음은 또 다른 보람이다. 이런 보람과 추억들이 고스란히 스며있는 Formosa이기에 내 추억열차는 이 작은 간이역을 결코 바람처럼 스쳐 지나칠 수가 없다.

*연구과제에 대한 독자들의 궁금함을 조금이나마 덜기 위해 Formosa 화석산호초에 관한 핵심적인 내용을 간략히 소개하면 아래와 같다.

지금은 동토의 황량한 들판에 화석산호초들이 쓸쓸히 자태를 드러내고 있는 Formosa 지역이 놀랍게도 약 4억년 전에는 열대의 바다였다. 당시 미시간(Michigan) 분지 동쪽 해안선 근처의 비교적 조용하고 얕은 바다에서 자랐던 해초(海礁)들이었다. 이들은 조간대(潮間帶) 약간 아래에서 주로 산호와 스트로마톨라이트(stromatolite)의 활발한 조초(造礁)활동으로 생성되었으나, 당시 해수면의 잦은 부침으로 지속적으로 성장하는데는 한계가 있었다. 해수면 하강시에는 천수(天水: meteoric water)에 노출되어 강력한 용식작용(溶蝕作用)을 받았으나, 해수면 상승으로 해수에 침수되면 다시 빠르게 조초활동이 재개되면서 성장할 수 있었다. 성장과 파괴과정을 반복적으로 거치다보니 대규모의 산호초로 자랄 수 없었다. 이따금 찾아온 강력한 폭풍우들 때문에 산호초의 상당부분이 파괴되거나 소실되었던 상흔들도 곳곳에서 관찰되었다.

 당시 이 지역에 전반적으로 우세했던 고온건조한 기후환경 때문에 이 화석산호초들을 에워싼 미립질 방해석퇴적물들은 퇴적당시에 활발한 백운석화작용(dolomitization)을 받았지만, 어떤 연유인지 이 화석산호초들은 이러한 작용을 전혀 받지 않았다. 오랜 미제로 남아있던 이 의문점도 새롭게 제시된 모델을 통해 어느 정도는 해소될 수 있었다.

 광학현미경을 이용하여 채집한 시료들을 박편으로 만들어 자세히 관찰한 결과, 이 화석산호초들 내부에는 채워지지 않은 빈 공극들의 비율이 여전히 높음을 알 수 있었다. 이 공극들 속으로 원유(原油)의 유입이 한 차례도 없었음을 알 수 있었으며, 긴 세월동안 빗물의 영향을 아주 많이 받아 왔음이 드러났다. 한때는 지하 깊이 묻혀 강한 압축작용을 받은 흔적들도 자주 관찰되었다. '코노돈트'라는 화석의 변색 정도를 기준하여 판단했을 때, 본 지역의 화석산호초들은 한때 지하 2km까지 묻혔다가 융기하여 지금은 이 Formosa지역의 곳곳에 그 잔해를 드러내고 있음도 알게 되었다. 현재

지표에 드러나지 않았지만, 지표면 아래에서도 화석산호초들이 도처에 분포할 것으로 짐작된다.

본 화석산호초들의 구조와 조직들을 자세히 관찰함으로써, 전 세계에 널리 분포하는 4.0~3.5억년 전의 지층에 널리 분포하는 산호-스트로마토라이트의 암석학적 특징을 보다 잘 이해할 수 있을 것이다. 장차 유사한 화석산호초들에 대한 저류층으로서의 가능성과 경제성의 평가를 수행할 시, 참고자료로 널리 활용될 수 있을 것으로 사료된다.

한 지붕 지구촌

　대중전달매체의 빠른 보급과 통신기술의 눈부신 향상에 힘입어 우리는 바야흐로 지구촌시대에 살고 있다. 세계 각처에서 일어나는 크고 작은 일들을 TV와 인터넷을 통해 바로바로 접할 수 있는 글로벌시대가 된 것이다. 그러나 '지구촌'이라 함은 어디까지나 아직은 관념적인 것이지 실질적으로 그런 것은 물론 아닐 것이다.
　서울올림픽이 열리던 해였다. 네 명의 학생이 공동체 생활을 하게끔 만들어진 어느 외국대학의 기숙사에 입주하게 되었다. 2층으로 지어진 타운 하우스형 기숙사였는데 1층은 아주 넓고 확 트인 거실과 부엌이 있었고, 2층에는 4개의 침실과 공용 화장실로 이루어져 있었다. 불과 2년도 안 되는 짧은 기간이었지만, 별빛처럼 반짝이는 나의 추억이 머물러 있는 그림 같은 곳이었다.
　이 공간에는 명랑한 성격을 가진 귀공자형 독일인 세바스천, 남성미가 넘치면서도 세정(細情)이 많은 호주인 오웬, 깔끔하면서도 호방하게 떠드는 것을 좋아하는 케냐인 조셉, 그리고 조금은 내성

적이며 조용한 대화를 즐기는 한국인인 나, 이렇게 네 명이 한 지붕 아래 지구촌 한 가족을 이루며 살게 되었다. 공교롭게도 인종, 문화, 배경이 아주 다른 유럽, 오세아니아, 아프리카, 아시아 주에서 각각 왔으므로 본인 의사와는 상관없이 각자에게는 각 대륙을 대표하는 상징성이 부여되었다. 각 대륙을 대표한 친구들이 한 가족을 이루어, 또 다른 대륙인 북미에서 한 살림을 하게 되었으니 지구촌 한 가족이라 칭한들 하나도 이상할 것이 없지 않은가.

각자 취미들도 다양하여, 오웬은 틈만 나면 아스팔트 위에서 즐기는 크로스컨트리 스키, 조셉은 조깅, 세바스천은 자전거타기와 피아노연주, 그리고 나는 테니스에 취미를 갖고 각자 자신의 취미를 즐겼다. 음식문화도 아주 달라, 나는 김치와 된장을, 오웬은 스파게티와 스테이크를, 세바스천은 감자와 햄버그를, 조셉은 쇠고기, 양파, 감자, 아스파라가스와 양배추 등을 함께 잘게 썰어서 기름에 볶아 만든 음식을 주로 만들어 먹었다. 어쩌다 금요일 저녁 때면 함께 부엌에 모여 부산하게 각자 자신들 고유의 음식을 만들어 함께 먹었다. 서로 상대의 음식을 맛보며 요리법을 묻기도 했다. 각 나라의 음식냄새가 한데 어우러지면 아주 독특한 냄새가 거실을 가득 메웠다. 물론 내가 만든 김치찌개나 된장찌개 냄새들이 다른 친구들의 음식냄새를 압도했었다.

처음 이 타운하우스에 입주할 시에는 이런 다양성의 차이들을 극복하며 과연 잘 살 수 있을까하는 걱정도 없지 않았다. 혹시 문화와 풍습, 생활방식의 차이로 인한 사고의 차이나 뜻밖의 오해들을 극복하지 못하고 서로 반목하고 갈등하게 되면 학업에도 지장을 받을 수도 있기 때문이었다. 한 달이 지나자 서로에게 있던 서먹서먹한 분위기가 많이 사라지면서, 이러한 걱정들은 아주 기우였음을 알게 되었다. 생활 중에 대화의 시간들이 늘어나면서 서로에 대한 이해의 폭도 늘어나며 점점 가까워질 수 있었다. 함께 살면서 생기는 문제점들이 전혀 없었던 것은 아니었으나, 서로 충분히 이해하고 한 발씩 양보할 줄 아는 미덕을 소유하고 있었기에 무리없이 잘 지낼 수 있었다.

깔끔한 성격의 조셉이 정리정돈 습관이 몸에 붙지 않은 오웬과 냉장고에 오래 묵은 김치를 넣어둔 나에게, 그리고 밤늦게 샤워하는 세바스첸에게 자신의 고충을 솔직히 털어 놓은 것 이외에는 서로에게 불평을 말하는 것을 들어본 적이 없었다. 조셉의 지적은 사실 다 수긍할만한 것이었기에 잘 해결되었다. 덕분에 오히려 그만큼 서로 더욱 가까워졌고 친해졌다는 느낌이 들었다.

서로 이렇게 가까워지는 동안 나도 어떤 역할을 해야겠다 싶어, 두 달에 한 번씩 자축파티를 제안했고 모두 나의 제안을 흔쾌히 받아들여, 파티 날이 되면 각자 자기나라 고유음식을 만들어 서로 나누어 먹으며 함께 즐거운 시간을 보낼 수 있었다. 한 번은 파티 날에 마침 서울올림픽이 열리고 있었기에 우리의 고유 풍속, 언어, 문화 등 우리의 것들을 아주 자연스레 소개할 수 있는 기회를 가질 수 있었다. 점점 가까워지면서 나중에는 서로의 개인사까지 틀어 놓으며 허심탄회한 얘기도 주고받을 수 있게 되었다.

당시의 잊을 수 없는 추억 하나는 한 달에 두 번씩 실시되던 정기적인 기숙사 점검이었다. 이 점검에서 일 년에 두 번 이상 불합격 판정을 받게 되면 기숙사에서 강퇴되기 때문에 점검이 있는 날에는 함께 대청소하느라 부산을 떨곤 했었다. 성격이 조금 급하고 다혈질인 조셉이 먼저 빗자루를 들고 분위기를 잡으면, 나는 진공청소기를 들고 온 집을 헤집고 다녔고, 오웬은 욕조, 변기, 목욕탕 바닥을 닦으며 음악을 크게 틀어 흥을 돋우었고, 세바스천은 부엌세간의 먼지를 닦아내고 부엌바닥을 꼼꼼히 훔쳤다. 이렇게 함께 땀을 뻘뻘 흘린 덕분에 집의 내부는 항상 청결하게 잘 유지될 수 있었다. 물론 청소를 마치고 함께 시원한 맥주 한 잔씩 하는 것도 잊지 않았다. 점검이 아주 꼼꼼하기 때문에, 점검 때마다 군대생활 시절 내무사열 받는 것처럼 약간의 긴장감이 흐르곤 했다. 가끔 레포트가 밀려 있거나 시험을 앞두고 있을 때는 점검이 귀찮기도 했지만, 그래도 함께하다 보니 즐겁게 할 수 있었던 청소였던 것 같다.

스스럼없는 농담도 주고받을 정도로 친해졌을 즈음, 키가 훤칠하며 미남에다 피아노까지 멋들어지게 연주하는 세바스천의 주변에는 금발머리 여학생들이 끊이질 않았다. 우리 기숙사를 찾는 미녀 아가씨들이 하나 둘씩 늘어나더니, 급기야 거의 매 주말마다 파트너가 바뀌고, 나의 방과 베니어판 두 장으로만 나뉘어있던 그의 방에선 축제의 향연이 펼쳐지곤 했다. 유부남이라는 꼬리표가 붙어 있는 나에겐 그림의 떡이었다.

다음날 아침이면 아무렇지도 않은 듯이 "하이!" 하며 해맑은 웃음을 띠고 먼저 인사를 건네곤 했다. 처음에는 그의 이런 생활을 이해하기 힘들어, 한 번은 '제발 좀 그러지 마라'란 말이 목구멍까지 올라오는 것을 참은 적도 있었다. 그러나 차츰 이런 것도 어쩌면 그들의 문화일지 모른다고 이해하려고 노력했다.

이젠 아슴아슴한 추억이 되어 내 기억의 저편에서 가물가물 하지만, 인종, 문화, 언어, 풍습, 음식 등 배경의 다양성을 극복하고 잘 조화를 이루며, 지구촌 한 가족으로 공동체를 이루고 살았던 그 시절과 그 친구들이 요즈음도 가끔 그리워진다.

전쟁으로 세계정세가 많이 어수선해진 요즈음이기에, 서로 조화를 이루며 즐겁게 지냈던 그 지구촌 가족들에 대한 그리움이 더욱 애틋해지는 것 같다. 장애물들이 많을 것 같았지만, 진실되고 따뜻한 마음으로 서로 나누는 삶을 살다 보면 지구촌 한 가족을 이루는 것이 결코 어려운 일이 아님을 피부로 깨달을 수 있었다. 그들도 모두 우리와 같은 영혼들을 소유한 인간들이자 형제임을 풍성한 체험으로 직접 느끼고 확인할 수 있었던 귀한 시간이었다.

민간 외교

　해마다 이맘쯤이면 북미 땅은 어른 아이 가릴 것 없이 모두들 조금은 마음들이 들뜬 모습이다. 오래전 유럽에서 유래한, '할로윈'이라 불리는 아주 특별하고 재미있는 풍습 때문이다. 백화점들도 할로윈 특수를 위해 야단스레 할로윈 장식으로 바꾸고 할로윈 상품들을 산더미처럼 쌓아놓고 판매에 열을 올린다.
　집집마다 으스스하고 스산한 분위기를 자아내는 기괴한 장식들을 선보이고, 귀신을 쫓기 위해 붉은 호박의 속을 파내고 귀신모양의 얼굴 형상들을 만들어 촛불이나 꼬마전구로 불을 밝히고 집집마다 밖에다 내어 놓으면서 분위기를 한껏 고조시킨다.
　테러사건과 전쟁으로 얼룩진 이번 가을이라 할로윈분위기도 예전과는 사뭇 대조적일 것이라 짐작하고 있었지만, 오랜 세월 이어져 내려온 풍습인지라, 테러도 전쟁도 들뜨는 사람들의 기분을 쉽사리 가라앉히기에는 역부족인 듯 싶다. 워낙 파티들을 즐기는 이 나라 사람들이 아니던가. 조그만 명분이나 건수만 있어도 모여서

웃고 잡담하며 참새처럼 떠들기를 좋아하니 아무리 금년의 상황이 예년과 달리 조금 침체되었다 할지라도 참새가 어찌 방앗간을 그냥 지나칠 수 있을까.

학교는 학교대로, 직장은 직장대로, 또는 다정한 이웃들끼리 사람들이 모이는 곳이면 어김없이 크고 작은 할로윈 파티들이 열리고, 사람들은 설레는 마음을 애써 감추려 하지 않는다. 마주치는 이들마다 얼굴에 밝은 웃음꽃이 피어 있음을 볼 수 있다.

아이들은 해가 지기만을 눈이 빠지도록 기다렸다가 무서운 귀신복장을 하고 가가호호 다니며, 캔디와 쿠키를 얻는 재미에 시간가는 줄 모른다. 대부분의 집에선 미리 선물을 준비하고 있다가 찾아오는 꼬마귀신들이 섭섭하거나 무안하지 않도록 푸짐한 선물들을 안겨준다. 잘 몰랐던 이웃들과 어색함을 해소하며 서로가 한 마을에서 동시대를 살아가는 소중한 이웃임을 확인하는 귀한 시간이 된다.

캐나다에 거주할 때는 무시무시한 가면을 쓰고 다양한 귀신복장으로 꾸민 어른들과 아이들이 너나없이 중심가로 나와 이리저리 몰려다니며 밤새 시간가는 줄 모르고 거리를 누비곤 했다. 귀신들이 활보하는 모습을 보고 큰애는 재미있다고 깔깔거리고, 작은애들은 엄마아빠 등 뒤에 숨어 무섭다고 징징대던 기억들도 떠오른다.

오늘 내가 다니는 직장에서도 조촐한 할로윈 파티가 열렸다. 회사의 직원들이 다양한 인종의 사람들로 구성되어 있는 덕분에 각자가 장만해 온 음식들을 펼쳐놓으니 자연스레 풍성한 국제적인 먹거리 장터가 되었다. 매년 이탈리아, 러시아, 케냐, 멕시코, 리투아니아, 미국에서 자국의 특이한 음식들을 준비해 오니 나는 한국 음식을 준비했다. 다국적 음식들이 식탁 위에 촘촘히 진열되면서 은근히 선의의 맛 자랑 경연이 펼쳐지기도 한다. 금년에는 아내의 제안으로 우리의 '잡채'를 선보이기로 했다.

예년의 경험으로, 선의의 요리솜씨경연이 펼쳐진다는 것을 알고 있는 아내는 동료들에게 외면 받아 마지막까지 그릇에 가득히 남아있는 먹거리가 되지 않도록 이른 아침부터 부산을 떨었다.

면이 쫄깃쫄깃하도록 알맞게 삶고, 짜거나 싱겁지 않도록 아주 조심스레 간을 맞추고, 고기도 안심부위만을 잘게 썰어 익히고, 시금치와 홍당무도 아주 싱싱한 것을 미리 준비하여 정성껏 삶아 썰어서 놓고, 깨소금까지 듬뿍 뿌리며, 맛있는 음식이 되도록 정성을 다하는 모습이다. 아무튼 나름대로 최대한의 맛을 낸 잡채를 아내는 출근을 서두르는 나에게 싱긋 웃으며 건네주었다.

"그 사람들 입맛에 맞을는지 모르겠네요."
"그렇게 정성을 많이 기울였으니 보나마나지."
"외면 받지는 말아야 할 텐데…."
"틀림없이 좋아 할거야. 예년에도 다들 우리 음식이 아주 맛있다고 입들을 댔거든."
좋은 말로 아내를 안심시켰지만 여전히 걱정스럽다는 표정이다.
정오가 조금 지나자 음식 차리기가 끝났다는 멘트가 스피커에서 흘러 나왔다. 모두 기다렸다는 듯이 우르르 식당으로 몰려갔다. 푸짐하게 준비된 식단에 모두 입을 다물 줄 모른다. 식사가 시작되고 각자가 준비해 온 다양한 음식들을 나누어 먹으며 서로 이구동성으로 "이 음식은 누가 준비해 온 것이냐", "맛있다", "음식이름은 뭐냐?" 등등.

준비해 온 여러 음식들에 대한 품평을 곁들이며 한껏 즐거운 표정으로 맛있게 식사를 한다.

드디어, 한국의 잡채에 대한 평가도 나오기 시작했다.

"이 음식은 누가 준비한 것이냐."

누군가가 나를 지명하자 모두들 나에게 시선이 쏠리면서 질문과 칭찬을 뱉어 내기 시작했다.

"와이프가 준비한 것이냐."

"와! 너무 맛있다."

"So delicious, wonderful, fantastic, excellent, amazing…." 아주 칭찬들이 늘어졌다.

"와우. 코리언 noodle이 이렇게 맛있는 줄 몰랐다."

"국수의 재료가 뭐냐."

"어디서 살 수 있느냐."

"와이프에게 요리법을 좀 얻어 줄 수 없느냐."

"와이프에게 아주 맛있게 먹었다고 꼭 전해 주라."

제법 큰 그릇에 듬뿍 담아서 갔는데 우리 음식이 가장 먼저 바닥을 드러냈다. 이렇게 해서 맛 자랑 게임은 의외로 싱겁게 끝나고 말았다. 맛있게 먹어주면서 칭찬을 아끼지 않는 동료들의 마음이 오늘

따라 더욱 고맙게 느껴졌다. 칭찬에 대해 참 솔직하고 인색하지 않은 사람들이다. 상대의 단점보다는 장점을 찾아 칭찬을 아끼지 않는 이런 사람들과 함께 일하고 있음에 감사할 수 있었다.

아무튼, 이래저래 기분이 괜찮은 날이었다. 아내에게도 이보다 기쁜 소식이 어디 있으랴. 금방 전화로라도 알려주고 싶었지만, 저녁에 깜짝쇼를 하기 위해 일단 마음속에만 담아 두기로 했다. 작은 정성이지만 자신의 노력을 인정해주는 이웃들이 있다는 사실과 우리 음식이 이들에게 맛있게 소개되고 알려질 수 있음이 얼마나 다행이며 자랑스러운 일인가.

외국인들과 함께 지내다 보니 외교적으로 반드시 큰일만이 중요한 것은 아닌 것 같다. 국제적인 외교에서도 우리 스스로 우리 것이 좋다고 아무리 얘기한들, 실제로 특별한 관심을 보여주는 이들은 많지 않다. 오히려, 생활 가운데 만나는 소소한 것들을 통해서 자주 좋은 교류를 하다보면 자연스레 우리나라의 위상도 올라가고 그들의 마음에 좋은 인상이 심어지지 않을까하는 생각이 든다.

올림픽을 개최하고, OECD에 가입하고, 안보리의 비상임이사국이 되는 이런 것들도 물론 국가를 위해 중요하지만, 명분만 찾고 실리를 얻지 못하는 외교보다도, 음지에서의 이런 소소한 민간외교도 중요함을 깨달을 수 있어서 기쁜 날이었다.

아내의 입꼬리가 귓불에 걸릴 것을 상상하니 퇴근길의 발걸음도 아주 가벼울 것 같다.

간첩 소동

 앞으로 앞으로만 달리는 시간 열차를 타고, 때로는 특급에 때로는 완행에 몸을 실어, 앞만 보며 먼 길을 열심히 달려왔지만, 시선은 자꾸만 거꾸로 꽂히고 마음은 스쳐온 간이역들에 머물려고 하는 것은 웬일일까?
 지금부터 30여 년 전 어느 해 여름의 이야기다. 이 해 여름엔 연구프로젝트와 관련하여, 포항지역일대를 어릴 적 고향집 안마당처럼 연일 입에 단내가 나도록 땀을 뻘뻘 흘리며 헤집고 다녔다.
 날마다 계획된 지역을 찾아가 자료를 구하는 반복된 일상이 조금씩 지겨워지던 어느 날이었다. 이 날은 곧잘 토끼의 형상에 비유되곤 하는 한반도의 토끼꼬리에 위치한 구룡포 일대를 살펴보고 자료를 획득하는 일정이 잡혀 있었다.
 이번 여름방학 동안 자료를 충분히 확보하여 가을이 끝날 무렵쯤 프로젝트를 완성시키지 못하면 졸업이 어려울 것이라는 지도교수의 으름장이 귓전에 맴돌아, 자칫 무리한 듯한 일정을 소화 해내고 있었다. 빡빡한 일정 탓으로 이 날도 우리 일행은 답사장비를 챙겨서 아침 일찍 구룡포 지역에 도착하였다. 이틀뿐인 일정을 겨우 소화하자면 아침 6시부터 일정을 시작하는 특단의 비상수단을 쓰지 않으면 안 되었다.

무게가 만만치 않은 장비들을 챙겨들고 이리저리 쫓아다니느라 심신이 지치고 체력도 바닥을 드러낼 즈음, 후배 몇이서 부른 듯이 불쑥 찾아 왔다. 나의 고생담을 어떤 경로를 통해서 듣고선 찾아와, 일손을 많이 덜어준 후배들 덕분에, 자칫 막바지 작업도 마치지 못하고 도중하차 할 뻔 했던 답사를 무사히 소화하여 가까스로 졸업장을 딸 수 있었음을 생각하면, 지금도 그 후배들이 고맙다.

답사를 다니다 보면, 여러 가지 웃지 못할 일들을 겪게 되는 경우가 비일비재하다. 역마살이 단단히 붙었는지 해외로 떠돈 지 벌써 스무 해가 다 되어가므로, 요즈음은 어떤지 모르지만 당시만 해도 모르는 시골집을 찾아가 냉수 한 모금을 청하는 일이 그다지 어려운 일이 아니었던 것이 시골 인심이었다.

시원한 냉수를 바가지가 철철 넘치도록 건네주는 것은 기본이었고, 마당에 서 있는 길손을 불러 후딱 라면을 끓여 건네주시는 분들이 있었나하면, 정성껏 밥상을 차려주시고, 어떤 집에서는 아예 주안상까지 봐 주시는 분도 있었다. 한 번은 과년한 딸이 있는데 즉석에서 선을 한 번 보지 않겠냐 해서 얼굴이 홍당무가 되었던 적도 있었다.

한 번은 모자를 눌러쓰고 배낭을 메고 막대기를 손에 들고 가는 품새가 땅꾼으로 보였던지 뱀이 많은 곳을 소개 받은 적이 있었나 하면, 한 번은 모내기철인데 품이 없다고 사정하는 바람에 당일 답사일정을 올스톱하고 모내기 판에 뛰어들어 마을 분들과 함께 모를 심었던 적도 있었다.

또 한 번은 답사에 지친 몸을 쉬게 하며 잠시 휴식을 얻기 위해 산기슭의 풀밭에 풀썩 앉았는데, 미처 빠져 나가지 못하고 엉겁결에 나의 두 다리 사이에 갇힌 뱀이 똬리를 틀고 앉아 혀를 날름거리는 바람에 혼비백산하기도 했다. 이처럼 여기에 이루다 열거할 수 없을 정도의 크고 작은 많은 사건들이 있었다.

아침 일찍 산중턱에서 시작된 답사는 오후 네 시쯤에서야 구룡포 해변이 보이는 마을 어귀에 이를 수 있었는데…. 이곳에서 우리는 졸지에 뜻밖의 상황에 직면하고 말았다.

갑자기 1개 소대쯤 되어 보이는 얼룩무늬 복장의 병력이 순식간에 우리 일행을 빼곡히 둘러싸며 총부리를 겨누고 있지 않는가! 워낙 졸지에 일어난 일인지라 모두 혼비백산했다가, 차츰 정신을 차리고 보니 해병대 군인들이었다. 그들은 일제히 '꼼짝 마라!'를 외치며, 무시무시한 총구를 가까이 들이대며 우리를 압박해 왔다.

"손들고 무릎 꿇어!"

"당신들 도대체 뭐하는 양반들이야! 당신들 간첩이지."

"우리가 아침부터 당신들 행적을 주욱 지켜봤는데, 복장과 행적이 여간 수상하지가 않아."

우리를 향한 수십 개의 총구들이, 먹잇감을 향해 발톱을 세우고 매섭게 노려보는 사자처럼 일제히 우리의 심장을 노리고 있는 상황에서 우리는 모두 입이 얼어붙고 말았다. 그저 그들의 지시대로 꼭두각시처럼 따르고 행하는 처세 이외에는 다른 방도가 없었다.

"지금부터 무장을 해제한다, 실시!"

장교의 지시가 있자, 두 병사가 우리들의 장비와 소지품 일체를 노획하여 조사한 다음, 위험해 보이거나 의심스러운 무기나 장비가 없음을 확인하고 '이상 무'의 수신호를 보냈다.

그제서야, 병사들은 총구를 거두었고 해병장교는 우리에게 다가와 우선 이것저것 물어 보았다. 일단 상부에 보고해야 하므로 자기네들과 함께 부대에 가서 신원조사에 응해달라며 자신들을 따라오라고 했다.

"이궁… 우리도 바쁜데…."

우리들의 신원이 어느 정도 확인되자, 그들의 태도도 누그러졌다. 이때부터는 오히려 우리를 칙사처럼 대접해 주었다. 우리들은 중대장의 지프차를 타고 부대로 들어갔다.

중대장님과 자초지종 얘기를 나누다 보니, 우리들로 인해 육해공 3군은 모두 비상이 걸려 있었음을 알게 되었다. 우리가 모르는 사이에 우리는 행적이 수상한 인물로 보고되었고, 전군은 우리를 간첩으로 지목하고 우리의 일거수일투족에 신경을 곤두세우며, 상황은 우리의 상상을 초월할 정도로 하루 종일 긴박하게 돌아가고 있었던 것이다.

"당신들 때문에 우리나라 3군 전체에 지금 비상이 걸려 있어요. 그래서 전군은 지금 우리 부대의 작전수행과 결과에 모든 이목을 집중하고 있단 말이요."

"아이고, 맙소사…. 어찌 이런 일이…."

당시 우리 군이 맞이했을 긴박함이나 긴장감을 미루어 짐작해보니 미안함과 안도감이 동시에 찾아 들었다. 그 자리에 함께 있었던 후배들도 부지불식간에 뜻밖의 봉변을 당하면서 실로 엄청난 충격을 받았던지 넋을 잃은 듯 누구 하나 선뜻 말문을 먼저 열지 못했다. 내가 오라고 부른 것은 아니었다 할지라도, 어쨌거나 선배를 도와주겠다고 따라와 이런 변을 당하게 된 후배들에게도 여간 미안한 일이 아니었다.

우리의 신원이 모두 확인되고 국방부에서 모든 비상조치를 해제시키자, 긴박하게 돌아가던 일련의 상황은 일체 막을 내렸고, 군인들도 자신들의 일상으로 회귀하게 되었고, 우리들도 이내 평상심을 회복할 수 있었다. 이 모든 일단의 상황들은 결국 하나의 해프닝으로 귀결되고 말았지만, 우리를 기습 포위하여 놀라게 하고 바쁜 시간을 빼앗은 사실이 미안했던지 중대장은 우리에게 푸짐한 군대식사를 제공하고 손수 자신의 지프차에 태워 포항시내에 위치한 우리의 숙소까지 바래다주었다.

지금이야 지나간 하나의 추억거리로 치부하며 편한 마음으로 얘기들을 풀어 놓지만, 가끔 당시의 상황을 떠올리면 등골이 오싹해지는 느낌을 지울 수 없다. 가령, 우리들이 답사하는 동안 수많은 총구들은 우리들의 심장을 내내 겨누고 있었을테고, 총을 겨눈 수많은 군인들 중 하나라도 지레짐작으로 우리를 간첩이라고 오판하고 방아쇠를 당겼더라면 지금 이 글을 쓸 수도 없을 것이다.
 각본처럼 드라마틱하게 전개되었던 그날의 긴박한 상황은 중대장님의 넉넉한 인품과 따뜻한 배려와 더불어 오래오래 쉽사리 잊혀지지 않고 가슴 속 한켠에 복병처럼 숨어있다가 과거로 가는 어귀에서 이따금 초인종을 눌러주는 소중한 추억이다.

지옥에서 천당으로

　지금부터 30여 년 전 늦가을 어느 날이었지 싶다. 당시 육군일등병이었던 나는 15일간의 꿀맛 같은 첫 휴가를 마치고 귀대를 서두르고 있었다. 차마 떨어지지 않는 발걸음이었지만, 추상같은 고참병들의 얼굴들을 떠올리며 잠시 동안 느슨했던 마음을 다시 다잡았다.

　휴가 귀대시에는 동료전우들을 위한 간단한 먹거리를 준비하는 것이 내무반의 관례로 되어 있었기에, 어머니께서는 지극 정성으로 손수 만드신 시루떡과 백설기, 그리고 거북선 담배 다섯 보루에다 소주 다섯 병을 꼭꼭 여미어 두 개의 보따리를 마련하셨다. 선물이 적어 혹시라도 고참병들의 눈밖에라도 날까봐 당시 우리 형편으로는 과분한 양의 떡을 빚어 귀대하는 아들의 두 손에 꼭 쥐어 주셨다.

　당시 나는 전주시의 외곽에 위치한 모 부대에 배속 받아 근무하고 있었기에, 대구-전주를 오고가는 고속버스를 이용했다. 어머니께서 준비해 주신 보따리들을 화물칸의 구석에 밀어넣고 승차하여 지정된 좌석에 앉았다. 눈을 지그시 감고 또 다시 맞아야 할 군대생활을 조용히 떠올리며 이런 생각 저런 생각을 하고 있는 사이, 어느새 버스가 전주고속터미널에 도착했다는 안내양의 멘트가 흘러 나왔다. 곧 바로 버스에서 내려 어머니가 정성껏 마련해주신 보따리를 찾아가기 위해 화물칸을 살폈다.

그런데 이게 웬일인가. 있어야 할 선물꾸러미들이 감쪽같이 사라졌다. 눈을 부릅뜨고 거듭 확인해 보았지만, 있어야 할 보따리는 결국 눈에 띄지 않았다. 첫 휴가를 보내고 귀대하는 말단 사병이 선물 보따리도 없이 귀대를 한다는 것은 도저히 상상이 되지 않는 그림이었다. 너무나 어이없이 일어난 황당하고 심각한 일이라 갑자기 눈앞이 깜깜해지고 하늘이 노랗게 변하며 현기증이 일어났다.

어머니가 주시는 용돈도 기어이 뿌리치고 온 터라, 아무리 주머니를 뒤져봐도 겨우 천 원짜리 두 장만 달랑 손에 잡힐 뿐이었다. 이 돈으로는 담배 몇 갑만 사면 그만이었다. 말단 사병이 첫 휴가 귀대하면서 달랑 담배 몇 개비씩만 돌릴 수는 없는 노릇이었다. 시간을 보니 귀대시간은 이제 불과 1시간 남짓…. 설령 떡을 사더라도 도저히 귀대시간을 맞추어 낼 재간이 없었다.

초조함과 당혹감에 발을 동동 구르며 어쩔 줄 몰라 하자, 나를 태우고 온 고속버스 기사아저씨가 불렀다.

"이보오, 군인양반."

"예."

"시방 나도 군대생활을 해봤당게. 당신 심정 알만혀어. 내가 시방 좀 어떠코롬 좀 해볼 참인게 너무 걱정하덜 말어."

그 소리가 얼마나 반가운지, 마치 하늘에서 들려오는 구세주의 음성처럼 다가왔다. 이판사판인 상황이라 체면이고 염치고 없이, 내 입에선 아저씨의 말씀이 채 끝나기도 전에 말이 절로 튀어 나왔다.

"아저씨 정말입니까."

"그랴, 시방 중앙시장에 함 가보잔 게. 내가 거시기서 떡집을 본 것 같응게."

"그런디 시방 몇 시까지 부대에 돌아가야 혀어."

"이제 한 시간도 채 남지 않았습니다."

"이런 정말로 큰일이 나부렀네이."

기사아저씨도 워낙 다급하셨던지 자신이 운전하셨던 고속버스에 나를 태우고 곧장 전주 중앙시장으로 내달렸다. 다행히 아저씨의 말처럼 그곳엔 떡집들이 있었다. 떡집 앞에 도착하자마자 기사아저씨는 나에게 묻지도 않고, 들기름 냄새가 고소한 송편 다섯 되와 금방 꺼낸 김이 모락모락 피어나는 팥고물떡 다섯 되와 고추튀김 50인분을 다짜고짜 주문하신다.

"아저씨, 그렇게 많이 필요 없심다. 그 반만 있어도 충분합니다."

"기왕지사 사는 겅게 내가 오늘 인심 한 번 확 쓰부릴 텐게, 군인양반은 그냥 잠자코 있어랑게."

아니 휴가 귀대하면서 떡 열 되에 고추튀김이 50인분이라니….

내 기억으로 여태, 그렇게 많은 떡과 음식을 장만해서 귀대하는 병사를 본 적이 없었다. 거기다 슈퍼마켓에 들러 담배와 소주도 풍성하게 장만해주셨다.

"군인양반, 시방 지인짜로 미안허게 됐당게."

"아닙니다, 제가 오히려 미안하게 됐습니다."

넉넉한 선물꾸러미가 마련되자 기사아저씨는 곧장 나를 부대 입구까지 데려다 주고, 먹고 싶은 것 사 먹으라고 주머니에서 만 원짜리 지폐 한 장을 집어주었다. 이러실 필요까지 없다고 사양했으나 나의 전투복 바지춤에 기어코 지폐를 밀어 넣으셨다. 그 기사 아저씨는 멀리서 흐뭇한 웃음을 지으며 나의 귀대를 지켜보고 계셨다. 아마도 속으로는 자신의 일인 양 가슴을 쓸어내고 계신 듯했다.

그 고마운 아저씨의 도움으로 아슬아슬한 위기를 넘기고 무사히 부대에 복귀할 수 있었다. 이젠, 세월이 흘러 아련한 추억이 되고 말았지만 그 기사 아저씨의 따뜻하고 고마운 마음씀씀이는 긴 세월이 흘러도 잊혀지지 않는다. 내가 살아있는 한 잊을 수가 없을 것이다. 매년 스산한 늦가을 바람이 불어오는 이맘때면 기다리지 않아도 꼬박꼬박 인사를 건네는 단골추억이 되었기 때문이다.

커다란 떡보따리와 술꾸러미를 양손에 들고 내무반에 들어서자.

고참병들의 눈들이 휘둥그레지며 일제히 나의 양손에 들려 있는 선물꾸러미에 쏠렸다. 곧 일제히 '와' 하며 함성을 지르며 한마디씩 거들었다. 심지어 박수를 치는 병사들도 있었다.

"어이, 저 친구 들고 오는 꾸러미가 보통이 아니여. 오늘밤 기대되는 고마이."

"그 속에 뭐시기가 들은겨."

"우짜자꼬 이렇게 큰 보따리를 들고 온겨."

"와따, 보따리들 한 번 엄청나게 크더라고이."

"이러코롬 큰 보따리 들고 오는 건 처음 본당게."

"힘들구로 말라꼬 이러케 마이 들고 왔노."

곧장 신고식을 하기 위해 다가서자, 말년 고참병들은 "아따, 신고는 머언 신고야. 여여 일루와서 보따리나 함 풀어봐아."

그래도 중고참병들의 매서운 눈초리들이 어디에 잠복하고 있을지 모르기 때문에, 어리석게 말년 고참병들 얘기대로 따라했다간 나중에 무슨 험난한 일들이 기다리고 있을지 모른다. 일단 목청을 최대로 뽑아 신고를 올렸더니, 빨리 외출복 벗고 편히 쉬란다. 아무튼 이전에 보지 못한 뜻밖의 큰 선물 보따리 덕분에 내무반은 금세 화기가 돌았고, 즉석잔치가 열렸다. 전 내무반원이 어울려 술과 담배 그리고 떡을 배가 불러올 때까지 나누어 먹었다. 그 마음씨 좋은 기사님 덕분에 아슬아슬한 고비를 가까스로 넘기고 아주 근사하게 복귀인사를 마친 것은 물론 나는 동료들 사이에 완전히 영웅(?)이 되어 있었다.

아주 거창한 복귀 신고식 덕분인지 이전에 서슬퍼런 고참병들도 나를 전보다 아주 살갑게 대하면서 다독거려 주었다. 고참병들은 나를 보면 "휴가 또 안 가나?" 또는 "다음 휴가 언제 갈껴?"라는 식의 우스개 농담을 곧잘 건네곤 했다.

이 모든 일이 마음이 따스하신 그 기사아저씨의 도움에 힘입은 것이었기에, 이 일이 있은 후 군대생활을 하는 동안 내내 이 분에게 감사하며 제대하면 꼭 한 번 찾아뵙고 싶었는데, 뜻을 이루지 못했다. 지금은 어디에서 무슨 일을 하고 계실까? 가끔씩 그 아저씨가 생각나고 소식이 궁금해지기도 한다.

다만, 어머니가 온갖 정성과 심혈을 기울여 손수 지어주신 그 따뜻한 떡을 동료 전우들과 함께 나누어 먹지 못했던 일은 아직도 큰 아쉬움과 아픔으로 내 마음 속에 남아 있다. 지금도 가끔 당시의 일을 돌이켜 생각해보면 내 마음 속에선 한 움큼의 기쁨과 슬픔이 교차하며 일합을 주고받는다.

어느 달동네

"30 Charles St. Toronto, Ontario, Canada."

네비게이터에 위의 주소를 치고 찾아가면 낡고 허술한 22층짜리의 붉은 빌딩 하나를 만날 수 있다. 시내의 번화가에 위치하여 살기에 편리하다는 점을 제외하면, 뭐하나 제대로 내세울 만큼 번듯한 구석이라곤 찾아볼 수 없는 낡은 건물이다. 그러나 나에겐 잊을 수 없는 더없이 소중한 추억의 산실이자, 각박한 세상에서 더불어 살아가는 삶의 지혜와 교훈을 깨닫게 해준 도장과 같은 곳이다.

이 건물은 기혼자 학생들을 위해 대학에서 아주 저가로 제공하는 기숙사형 월세 아파트였다. 우리나라의 최신 아파트들에 비하면 턱없이 형편없고 시설도 낙후되었지만, 월 임대료가 싸다는 점과 편리한 입지조건 때문에 1년 이상 입주를 기다리는 것은 예사였다. 나 역시 입주 신청을 해놓고 1년 이상을 기다리다가 어느 해 겨울에 입주하게 되었는데, 입주통보를 받고 감격에 겨워했던 기억이 아직도 생생하다. 하지만, 막상 입주를 하고보니 문제점들 때문에 여러 차례나 홍역을 치러야 했다.

 욕조의 배수관이 막히는 것은 기본이었고, 허술한 수도꼭지들 때문에 물이 목욕탕 바닥을 넘쳐 거실로 침투하기 일쑤였고, 냉장고도 낡고 허술하기 짝이 없었다. 냉동실에 서리가 자라고 냉장고 벽에 얼음을 두껍게 만들어 일 년에 서너 번 정도는 마음먹고 청소를 하지 않으면 안 되었다. 이 때문에 부인들의 원성을 사는 경우도 다반사였다. 그뿐 아니라, 창문틀과 벽 사이에 틈이 생겨 겨울이 되면 한국에서 문풍지를 공수해와 월동준비를 단단히 하지 않으면 자칫 낭패를 볼 수도 있었다.

 게다가, 사람 수보다 몇 곱절 많은 바퀴벌레들이 밤낮없이 출현하여 신경을 곤두세우기도 했다. 사람을 위한 집인지, 바퀴벌레 살라고 지은 집인지 모르겠다는 푸념이 절로 나왔다. 냉장고 뒤나 가스오븐의 따뜻하면서도 음침한 구석에 무리지어 살다가 인기척이 없다 싶으면 불쑥 튀어 나와 재빠른 동작으로 실내의 구석구석을 종횡무진 누비고 다녔다.

 바퀴와의 전쟁을 선포한 한국 유학생들은 눈에 불을 켜고 퇴치에 열을 올려보지만 허사였다. 인도, 중국, 동남아 등지에서 온 유학생들은 우리처럼 바퀴벌레에 큰 신경을 쓰지 않았기에 이들이 함께 협조를 하지 않는 한, 완전 퇴치란 요원한 얘기일 뿐이었다. 갓 입주한 한국 유학생들은 분말약과 분무약을 구석구석 살포하고,

트랩, 분필선 긋기에다 침투예상지역은 두꺼운 테이프로 이중삼중 봉하면서 바퀴로부터의 완전해방을 꿈꾸어보지만, 서너 달 살다보면 이러한 노력들이 얼마나 부질없는 일인지를 깨닫고 쓴웃음을 짓곤 했다.

이런저런 어려움들 때문에 가끔은 이 지옥으로부터 벗어나고픈 충동을 느낀 적이 한두 번이 아니었지만, 이곳에서 만난 아름다운 이웃들을 생각하면 쉽사리 용기를 내기가 어려운 일이었다. 벌레가 싫어 한 가족 같은 이웃들을 포기한다면 이것도 얼마나 우스운 일인가. 이 아파트에서 정말 다정다감한 한국 유학생가족들을 만날 수 있었던 것은 너무나 큰 행운이었다. 한 배를 타고 있다는 동질감 때문인지 마치 한 식구처럼 서로 가까워지는데 별로 많은 시일이 필요하지 않았다. 서로의 처지들을 진심으로 이해하고 다독거려가면서 행복하고 아름다운 추억의 시간들을 함께 보낼 수 있었다.

삶의 소중한 시기에 허름하지만 따뜻한 배에 함께 승선해서 정다운 이웃이 되어 소중한 추억을 만들고 훈훈한 인정의 꽃을 피웠으니 감사할 일이었다. 한국에서는 일면식도 없었고, 출신학교와 출신 지방들도 모두 달랐지만, 같은 빌딩에서 함께 지낸다는 것과 같은 시기에 같은 학교를 다닌다는 사실만으로도 우리가 되기에 충분했다. 한결같이 나보다는 너를, 너보다는 우리의 존재와 가치를 소중히 여길 줄 아는 인격체들이 오순도순 살고 있던 마을이었기 때문이었다. 당시, 보잘것없는 아파트지만 가난하고 훈훈한 인정이 오고 가던 이 작은 유학생 마을을 우리는 서슴없이 '달동네'라고 불렀다. 누구 할 것 없이 따뜻한 마음으로 이웃에 대해 관심과 배려를 아끼지 않았기에 외국생활에서 오는 외로움과 고달픈 짐을 기꺼이 함께 나누어 질 수 있었다. 이러한 정겹고 따뜻한 이웃들이 어깨를 맞대고 살아가는 곳이었기에 달동네라는 이름은 당시 이 마을의 분위기와 너무도 잘 어울렸었다는 생각이 든다.

주말이면 서로 약속이나 한 듯, 각 집마다 한 가지 이상의 음식을 장만하여 서로 만났다. 함께 모이면 각자의 마음속에 있던 여러 가지 생각들과 국내외의 여러 현안들을 화두로 삼아 밤이 이슥하도록 많은 얘기들을 나누곤 했다. 오래된 가정들은 갓 유학와서 아직 외국생활이 익숙지 않은 가정들을 위해 차곡차곡 쿠폰들을 오려두었다가 나눠주거나 자신들이 쓰던 가구들을 내어 놓기도 했다. 좋은 정보가 있으면 서로에게 알려 주는 등, 크고 작은 일에 이웃들을 따뜻하게 배려하는 마음들이 예사롭지 않았다. 특별한 음식을 장만했을 땐 꼭 나누어 먹었으며, 명절 때면 부모형제들을 대신하여 각 가정마다 음식들을 장만하고 준비된 음식들을 서로 나누어 먹은 후, 함께 윷놀이도 즐겼다.

설날이나 할로윈이 되면 세뱃돈과 캔디들을 준비해 두었다가 찾아온 이웃집 아이들에게 나누어 주었으며, 추수감사절에는 칠면조 고기를 구워 함께 나누어 먹었다. 봄, 가을에는 야유회를 열어 바비큐파티를 하였고, 크리스마스가 되면 정성껏 만든 카드를 선물과 함께 각 가정으로 나누어주며 귀한 시간들을 함께했다. 이뿐이 아니었다. 가끔, 부인들이 출산이라도 하면 가정마다 미역국을 정성껏 끓여서 날랐고, 가장들의 생일도 기억했다가 챙겨 주었다. 외국생활의 고달프고 힘난한 언덕을 서로 손에 손을 잡고 함께 넘는다는 동지의식으로 똘똘 뭉쳐져 있던, 귀한 추억을 나누어 가진 이웃들이었다.

지금은 먼 과거의 아련한 추억이 되고 말았지만, 그들과 함께했던 시간들은 내 마음 깊은 곳에 여전히 따뜻한 등대로 남아 나의 삶에 소중한 길잡이 역할을 해오고 있다. 당시의 추억들을 떠올리며 이 글을 쓰다 보니, 글로 일일이 다 쓸 수 없는 이런 저런 추억들이 꼬리에 꼬리를 물고 새벽안개처럼 피어오른다. 다들 지금은 어디서 무엇을 하고 사는지 궁금하다. 그리운 달동네 이웃들이여.

특별한 노크

 그는 아주 기피인물로 인식되거나 지목되고 있었다. 그래서일까, 그는 소망하던 원대한 꿈을 접고 44세의 젊은 나이로 모든 것을 훌훌 털고 다시는 되돌아오지 못할 먼 길을 서둘러 재촉하고 말았다.

 살아생전, 일생일대의 연구과업을 이루기 위해 밤낮도 주말도 없이 오직 연구에만 매달리며 집착했던 사람이다. 세상사에는 좀체 관심을 두는 법이 없었다. 오직 자신의 연구에만 신경 쓰고 주변의 인간관계에 대해서는 소홀한 점이 많았으므로 주위에 그를 칭찬하는 이를 찾아보기는 힘들었다. 상당한 연구자금을 이미 확보하고 있으면서도 추가로 연구자금을 계속 따내는 그를, '욕심이 아주 많고 이기적인 사람'으로 폄하하며 질시를 받기도 했다.

 학생들에게는 또 얼마나 엄하고 무서운 사람이었는지. 학생들은 자신의 성적을 받아 들고 어느 누구 하나 그를 찾아와 따지려 들지 않았다. 이곳 학생들은 성적이 자기기 기대한 만큼 나오지 않으면, 선생을 찾아가 쌍심지를 켜고 싸울 듯이 조목조목 따지고, 수긍이 가지 않으면 점수에 대해 불만을 늘어놓는 경우가 많은데, 그에게 찾아와 불만을 얘기하는 학생은 단 한 명도 없었다.

이런 그를 스승으로 삼고 앞으로 수년간을 함께 지내야 되는 생활이 나를 기다리고 있었다. 그의 연구업적과 이름만 듣고 찾아왔지, 그의 성격이나 인간관계에 대한 정보들은 전혀 알지 못한 채 거의 무작정 찾아온 것이나 마찬가진데, 덜컥 겁이 났다. 잔뜩 기대를 부풀리며 찾아 왔는데 저토록 터프한 사람에게 지도를 받아야 하다니. 왠지 시작도 하기 전부터 어깨에 힘이 빠지고 마음속엔 다스리기 힘든 긴장감이 자리하며 답답하고 허탈한 기분이 들었다.

그러나 어쩌랴, 이미 엎질러진 물. 이젠 주어진 상황을 빨리 인정하고 그 안에서 최선을 다하는 수밖에 달리 뾰족한 수가 없었다. 허리끈을 졸라매고 열심히 노력하는 모습을 보여주면 이해하겠지. 얼어붙은 마음을 겨우 추스르고, 일주일 만에 처음으로 그와 마주하게 되었다. 여기서 들은 바 대로 터프한 사람이란 이미지를 마음속에 그려 놓고 심리적으로 잔뜩 위축되고 긴장된 상태에서 첫 인사를 하자 뜻밖에 아주 반갑게 나에게 악수를 청했다.

"김군, 어서 오게나. 많이 기다렸네. 앞으로 함께 일할 수 있게 되어 아주 기쁘고 반갑네. 이곳이 매우 추운 곳이라는 것은 알고 왔겠지. 두꺼운 옷들도 잘 챙겨 왔는지, 숙소는 정했는지, 자동차는 샀는지, 은행계좌는 열었는지, 전화는 신청했는지, 시장은 보았는지…." 이런저런 상황을 조목조목 물었다. 이곳 생활에 빨리 정착하기 위해 우선 신경 써야 할 부분들을 하나하나 짚어 주었다. 소문으로 들은 바와는 달리 너무나 자상하고 친절하여 오히려 혼란스러울 정도였다.

당분간은 여유가 있으니 당장은 이곳 생활에 빨리 정착하는데 신경을 쓰라며 모든 것이 아직은 낯설고 두렵고 서툰 나에게 오히려 너무도 따사롭게 마음으로 감싸주며 용기를 북돋우어 주려 애쓰는 것이 고마웠다.

"처음이니깐, 일단 그렇겠지. 그래도 여전히 긴장의 끈을 놓으면 안돼. 늘 조심해야지." 스스로를 다독거리며, 짧은 대화를 마치고 그의 연구실을 빠져 나왔지만, 이마엔 어느새 식은땀이 송골송골 맺혀 있었다. 그와의 첫 만남 이후에도 늘 조심스런 마음에 긴장감이 따라 다녔지만, 가까이 지낼수록 소문과는 달리, 마음이 따스하고 자상한 사람이라는 생각이 들었다. 다른 이들은 그를 쌀쌀하고 차가운 사람으로 말했지만, 자신이 데리고 있는 학생들에겐 한 식구처럼 여러모로 세세하게 신경을 써주고 챙겨주었다.

자주 대화를 하다보니 그에 관한 소문들은 정말 엉터리가 많았다. 외부와 접촉이 단절되다보니 그에 관한 헛소문들만 눈덩이처럼 불어나 그릇된 인식들이 심어진 게 분명했다. 수년을 가까이 지내다 보니 오히려 형님처럼 따스함이 느껴졌다. 유머 감각도 풍부하여 농담도 썩 잘하는 사람이었다.

　자신의 연구실에 사람들이 찾아오는 것을 싫어하는 폐쇄적인 면은 있었다. 건물 꼭대기 층의 외따로 떨어진 곳에 연구실을 마련하고선 늘 그곳에서 문을 꼭 걸어 잠그고 지냈다. 대부분의 교수들이 사무실 문을 활짝 열어놓고 생활하는 것에 비할 때, 이 대목에선 그가 좀 별난 사람이란 사실을 인정하지 않을 수 없었다. 다행이었던 것은, 다른 이들에게는 엄격히 통제된 언로나 접촉의 기회를 자신의 학생들에겐 늘 열어 두고자 했다. 그에게 상의할 일이 있으면 언제든지 찾아 올 수 있도록, 독특한 신호음을 알려주었다. 바로 '똑 또독 똑 똑'이었다. 그와의 자유로운 교류를 허락하는 중요한 신호음이었다.

　알려준 방식대로 노크를 하면, 어김없이 문을 활짝 열고 반가운 웃음으로 맞아 주는 그였다. 이 신호음 덕분에 나는 그에게 필요한 일이 있으면 언제든지 연구실을 찾아가 필요한 도움이나 조언을 얻을 수 있었던 것이다. 폐쇄적이긴 했지만, 어쩌면 그마저도 그가 일생의 과업을 이루기 위해 스스로 고립을 자초하며 선택한 고심의 카드였는지도 모르겠다는 생각이 들기도 했다. 그 누구에게도 말하진 않았지만, 미래의 운명을 미리 직시하고 있었는지 모른다. 그렇지 않았다면, 왜 그토록 밤낮없이 연구에만 매달려 온갖 열정을 바치며 강행군을 했어야 했을까. 바쁘게 서두르지 않으면 목표했던 일생의 과업들을 짧은 인생의 길이 안에서는 성취하기가 힘들다고 보았기 때문이었을까? 그가 남겨둔 삶의 자취를 더듬어 쫓아보면 안타깝고 아쉽기만 하다.

무엇에 쫓기듯 서두르며 혼신의 힘을 다하더니만, 결국은 못다 한 일을 태산처럼 쌓아 두고, 그는 몸 바쳐 연구하던 카리브 해 남단의 어느 작은 섬 위에서 세상과 이별했다. 비록 젊은 나이였지만, 보통사람들은 평생을 바쳐서도 이루지 못할 엄청난 연구의 대업과 족적을 남겨두고 단 한마디 유언도 없이 갑자기 빈손으로 떠났다.

삶의 목표를 향한 일념과 정열, 그리고 함께했던 수많은 시간과 훈훈한 대화들은 이미 먼 추억이 되었지만, 그의 영혼은 여전히 살아 있음을 느낀다. 마치 '똑 또독 똑 똑' 노크를 하면 언제나 그러했듯이 영혼의 문을 활짝 열고 환한 웃음으로 반겨줄 것만 같다. 더 이상 이 세상엔 존재하지 않는 그이지만, 영혼을 통해 보내오는 메시지들은 늘 내 마음 속에서 꿈틀거리며 여전히 내가 세상을 살아가는데 필요한 용기와 힘이 되어 주고 있다.

첫 수업

 과연 저들이 내 말을 알아듣고 있기는 하는 걸까? 내 스스로도 내가 무슨 말을 하고 있는 건지, 정신이 하나도 없다. 나의 얼굴과 일거수일투족에 쏠린 40여 명이 넘는 학생들의 낯선 시선들이 바늘처럼 따갑게 느껴졌다.
 얼마나 긴장이 되었는지. 등과 이마에는 식은땀이 송골송골 맺히고, 다리는 후들후들. 너무나 긴장된 나머지 간밤엔 거의 잠도 자지 못했으니, 머릿속은 흐릿하고 컨디션도 엉망이다. 2주일 전, 두 과목의 실험강좌를 지도해달라는 학과장의 서명이 된 편지를 받았다. 생각해보고 의향이 있으면 서명을 하여 이번 주 안으로 다시 제출해 달라는 내용이었다. 이 편지에는 또 내가 맡아서 해야 할 일들이 조목조목 씌어 있었다.
 두 과목의 실험과목을 맡아 일주일에 6시간의 수업을 이끌고, 한 학기에 두 번 시험을 치르고 출제 관리 및 채점을 책임져야 하며, 일주일에 20시간을 수업 받는 학생들을 위해 책임감을 갖고 헌신적으로 노력해야 한다는 내용이었다. 수업내용이 부실해서 학생의 25%가 원하면 다른 사람으로 교체될 수도 있다는 반갑지 않은 내용도 포함되어 있었다.

과연 해낼 수 있을까하는 두려운 마음이 앞섰으나, 비싼 등록금이 면제되는 것은 물론 매달 적지 않은 생활비를 지원 받을 수 있다는 달콤한 유혹을 뿌리치기가 힘들었다. 며칠간 고민을 거듭하다가 한 번 용기를 내어 보기로 작정하고 결국 동의한다는 의사를 담아서 편지를 되돌려 보냈다.

막상 동의서를 제출하고 보니 두려움과 걱정이 이만저만이 아니다. 언어가 모국어가 아닌데다 이처럼 많은 학생들 앞에 서본 경험이 전무하니 그럴 만도 했다. 거기다, 모두 외국학생들이니 걱정이 되어 며칠간 잠을 이루기가 어려울 지경이었다. 후회를 하고 말았지만, 이미 서명을 하였으니 엎질러진 물이었다.

잠이 오지 않아 혼자 걸상에 걸터앉아 있으면 정말 오만 가지 복잡한 생각들이 출몰하여 머리를 어지럽게 했다. 온갖 억측과 고민에 사로잡혀 한 발자국도 앞으로 나가지 못했다. 어깨를 짓누르고 있는 긴장들이 족쇄처럼 나를 옥죄어 왔다. 아직도 충분히 걸러내지 못한 억양에다 서툰 발음의 내 말을 학생들이 알아듣기나 할까.

그들이 질문이라도 해오면 답을 못하고 절절매다가 창피만 당하지 않을까. 도저히 의사소통이 안되니 다른 강사로 바꿔달라고 하겠지. 아무리 생각해 보아도 서툰 발음으로 학생들 앞에 선다는 것은 무리인 듯싶었다. 당장이라도 학과장을 찾아가 못할 것 같다고 말하고 싶은 생각이 목구멍까지 치고 올라 왔지만, 이제 와서 말을 바꾸면 첫 학기부터 나쁜 이미지를 줄 것이 분명했다.

당시 달랑 수백만원만 지참하고선 젊음의 기상과 투혼만 믿고 겁없이 유학을 왔던 판이었다. 당장 학교의 지원이 없다면 공부도 포기해야할 상황이었다. 다른 선택의 여지도 없으니 어떻게 하던 버티어 내어 살아남는 일이 당시엔 절체절명의 과제였다. 생활이 아니라 생존이 걸려있는 절박한 상황이 발목을 잡고 있었다. 나로서는 그야말로 정면돌파 외에는 달리 방도가 없었다.

앞으로 이보다 훨씬 힘든 상황들과도 마주서야 할지도 모르는데, 지레 겁부터 먹는다면 어떻게 그 험난한 유학생활을 헤쳐 나갈 수 있겠는가. 얼굴에 철판을 깔고 억척스럽고 뻔뻔하게 버텨 보는 거야. 그래, 죽기로 작정하고 달려드는 거야. 스스로에게 이처럼 수없이 다짐을 하며 이를 악물어 보았지만, 이제 곧 다가올 암담한 상황 앞에서 자신감은 자꾸만 허물어지고 있었다.

이 생각 저 생각하다가, 할 수 없이 첫 수업에 강의할 자료를 깨알 같은 글씨로 대학노트 다섯 장에 차분히 적어 보았다. 말문이 막히면 언제라도 나를 지켜줄 마지막 보루를 쌓는다는 비장한 각오로 또박또박 써 내려갔다. 여차하면, 그냥 노트를 읽으면서라도 버티어 보리라는 얄팍한 심사 때문이었다. 작성된 노트를 미리 수십 번도 더 읽어보았지만, 그래도 안심이 안되기는 마찬가지였다. 녹음을 해서 들어 보니, 시방 내가 무슨 말을 하고 있는지, 나부터도 혼란스러웠으니 첫 수업이 다가올수록 좌불안석이었다.

이런 저런 고민을 하는 사이에도 시간은 어김없이 흘러 나를 첫 수업의 현장으로 몰아넣었다. 내 이름을 커다랗게 영어로 칠판에 써 놓았지만, 그 다음엔 무슨 말을 해야할지 첫마디부터 말문이 막혔다. 머릿속이 갑자기 텅 비어 버린 듯한 느낌이었다. 몇 날 며칠 거듭 연습했던 수업내용들은커녕 아무 생각도 나지 않았다. 바늘처럼 따가운 수많은 시선들은 나에게서 잠시도 떠나지 않고 뚫어지라 응시하고 있는데 여간 난처한 일이 아니었다.

천천히 숨을 고르기 위해 잠시 머뭇거리고 있는데 갑자기 한 학생이 손을 들더니, 내 이름을 어떻게 발음하는지 물어 왔다. 몇 차례 반복해서 내 이름을 발음해보았지만, 제대로 잘 따라하는 학생은 없었다. 하는 수 없이 First Name은 잊어버리고, 그냥 발음하기 쉬운 'Kim'이라고 불러 달라고 했다. 이때부터, 나의 호칭은 그냥 Kim이 되었다. 그래서 지금도 나를 아는 모든 외국인들은 편하게 나를 그냥 'Kim'으로 부른다. 애써 어려운 발음 때문에 상대를 불편하게 할 필요가 없을 것 같다는 나의 개인적인 생각 때문이었다.

예상했던 대로, 말문이 막히기 시작했고 창피를 무릅쓰고 적어 온 노트를 거의 읽다시피 수업을 진행했다. 우스운 꼴이 되었지만,

노트를 보면서 나에 대한 소개도 하고, 앞으로 어떤 내용을 배우게 될 것이며 시험은 몇 번을 보게 되며, 숙제는 몇 차례 주어질 것이며, 시험과 숙제가 각각 마지막 성적에 얼마나 영향을 미치는지… 등의 첫 시간 수업내용들을 천천히 또박또박 읽어 나갔다.

정신없이 준비해온 노트를 읽었지만, 모두 잠잠하기만 할 뿐 누구하나 대꾸하는 학생조차 없었다. 이렇게 긴장이 흐르는 분위기에선 영어를 능숙히 구사할 수 있다면 농담 한마디를 툭 던지면 아주 제격인 줄 알면서도 아주 답답한 노릇이었다. 긴장된 분위기에 몸과 마음이 경색될 대로 경색되었으니 그럴 여유가 있을 리가 만무했다.

이번에 처음으로 수업을 맡았기 때문에 여러 가지 부족한 점이 많을 테니 이해해 달라는 내용과 함께 한 학기 동안 함께 열심히 해보자는 내용을 더듬더듬 얘기했었던 것 같다. 모두 눈만 멀뚱멀뚱할 뿐 아무도 말이 없었다. 떨리는 목소리로 말을 더듬으며 노트에 적어 온 것을 알아듣기 힘든 발음으로 겨우 읽어 내려가는 한심한 어느 외국인 친구의 수업을 한 학기 동안 듣자고 생각하니 저들도 얼마나 답답했을까. 아니면, 질문을 해도 대화가 잘 통하지도 않을 것이 뻔한데, 괜한 질문을 해서 나를 당황하고 창피하게 만들기보다는 침묵이 나은 배려라는 생각 때문이었을까. 아무튼, 어느 누구 하나 선뜻 말을 하는 이가 없었다.

어휴, 이런 생지옥이 있나. 내가 왜 이리 바보 같은 짓을 했을

까하는 후회가 밀려오고 얼마 되지 않은 짧은 시간에 별의별 생각들이 스쳐 지나갔다. 그래, 내가 만용을 부릴 게 아니라 미리 못한다고 말을 했어야 했어. 이럴 줄 알았으면 영어를 좀 더 충실히 배워 둘 걸. 이렇게 답답할 지경이 있나.

우리나라에 있을 때, 영어공부 한다고 나름대로는 열심히 테이프도 듣고 회화학원에도 다니며 준비를 한다고 했지만 막상 실전에 당해보니 큰 도움이 되지 않았다. 하여튼 이처럼 혹독한 신고식의 대가를 치르지 않으면 안 되었던 나의 첫 수업이었다. 시간이 흐르면서 점점 긴장감도 줄어들고, 학생들 다루는 방법이나 수업을 진행하는 요령도 조금씩 터득하게 되었다. 더불어 넉살과 배짱도 조금씩 키우며 그럭저럭 버틸 수 있었던 것 같다. 그날 이후, 사람은 어디가나 환경에 잘 적응하도록 되어 있다는 사실을 깨달았다. 그것이 내 삶의 값진 경험이자 자신감의 밑거름이 된 것 같다.

어찌할 줄을 몰라 쩔쩔매었던 그날의 첫 수업을 생각하면 지금도 가슴이 뛰어 혼자서 씁쓸하게 웃기도 한다. 여러모로 부족한 사람을 만나 의사소통은 물론 함께 공부하기가 여간 힘들지 않았을 것이다. 그런데도 불평 한마디 없이 학기 수업이 끝나는 날까지 열심히 자리를 지켜주었던 그 학생들을 생각하면 너무도 고맙고 미안하기도 하다.

큰 바위 친구

'명환이.'

아주 어릴 적 나와 만나 항상 내 곁에 머무르며 우정을 지켜주던 이름이다. 그러나 나는 모른다. 어떤 연유로 이 이름이 나와 이토록 질긴 인연의 끈을 붙들고 40년이 넘는 세월 동안 고락을 함께하게 되었는지.

돌이켜보면, 나는 친구들과 어울려 노는 것도 좋아했지만 혼자서 놀이나 게임을 즐기곤 했다. 그러나 알고 보면 실제는 혼자 노는 것이 아니라 둘이 놀고 있었다. 어떤 게임이나 시합을 할 때면, 그냥 혼자 노는 것이 아니라 항상 가상의 상대를 만들어 그와 내가 시합을 하는 형태로 놀면서 많은 시간을 보냈었던 것 같다. 나만의 놀이를 할 때면 으레 나의 상대로 등장하던 이름이 바로 '명환'이었다.

구슬치기를 해도, 바둑이나 오목이나 장기를 둬도, 딱지치기를 해도, 종이에 그림을 그리고 책받침을 오려서 하던 가상 축구게임이나 가상 야구게임도, 제기차기를 해도, 겉으로 보기에는 혼자이어도 절대 혼자서 하는 법이 없었다. 늘 내 곁에는 명환이가 있었기 때문이다. 가령, 바둑을 두면 명환이가 흑을 잡으면 나는 백을 잡고 시합을 했고, 구슬치기를 해도 한 번은 나, 또 한 번은 명환이가 하는 그런 식이었다. 이렇게 모든 게임을 나와 명환이의 대결로 압축시키는 시나리오가 늘 내 머리 속에서는 그려져 있었고, 둘 사이에는 늘 라이벌 의식이 자리잡고 있었다. 게임 때는 서로의 눈에 불을 튀기며 최선을 다해 게임에 열중하였고, 게임이 끝이 나면 승자에게 아낌없는 축하와 인사를 보내는 일도 빠트리지 않았다.

혼자서 명환이가 되기도 하고 내가 되기도 하며 실제 상황처럼 대화를 주고받는 것도 빼놓을 수 없는 재미였다. 이상했던 것은, 팔이 안으로 굽기 때문이었는지, 나름대로 세워진 룰에 따라 공평한 노력을 기울였으나 대부분의 시합에서 나의 승리로 끝났던 경우가 많았다. 가끔 명환이가 이기면 어린 마음에 괜히 속이 상하고 씩씩거리기도 할 만큼 모든 게임을 아주 진지하게 열심히 하곤 했다.

어릴 때부터, 항상 나의 벗이 되어 늘 십자가를 지고 함께 놀아 준 그 명환이가 지금도 가끔 생각이 난다. 비록 이 세상에 존재하지 않는 가상의 친구라 할지라도, 나의 모든 것을 나만큼 잘 아는 친구, 이 세상에 실존하는 그 어떤 친구보다 나와 많은 놀이와 대화를 나누며 함께해 주었던 그 친구를 어찌 쉽게 잊을 수 있을까.

아무리 곰곰이 생각해 보아도 정말 어떤 계기로 나의 부름을 받고 선택된 이름인지 도무지 알 수가 없다. 내가 어릴 적에 만났던 내 주위의 친구들 중엔 분명히 명환이란 이름을 가진 이는 없었다. 그럼에도 불구하고, 불가사의하게 내 안에 또 하나의 나로 찾아와 이렇게 오랜 세월동안 내 곁에서 함께 해주고 있음이 놀랍고 고맙다.

가끔, 언젠가 실제의 '명환'이가 어느 날 불쑥 내 앞에 나타날 것이라는 상상에 젖어 보기도 했다. 그러나 불행하게도 '명환'이란 이름을 가진 내 친구는 여태껏 없었다. 앞으로 얼마나 내 인생이 남아 있을지는 모르지만, 언젠가 만날 것이라는 기다림과 기대의 불씨는 꺼지지 않고 여전히 유효하다.

지금까지 살아오는 동안, 명환이란 이름을 가진 두 분을 만난 적이 있다. 한 번은 내가 군대에 있을 때, 어느 육군 중위의 이름이 그러했고, 또 한 번은 수험준비를 위해 김천의 '청암사'라는 절에 잠시 머물렀을 때 고시를 준비하던 한 학생의 이름이 그러했다. 그때마다, 내 마음은 아주 오랜 지기를 만난 것처럼 왠지 모르는 설렘과 기대에 부풀기도 했었다. 불행히도 이들은 친구의 인연으로 발전하지는 못했지만, 그래도 나에게만 특별하고 너무 소중한 이름이기에 그들을 지금까지 잘 기억하고 있는지도 모른다.

코흘리개 철부지 시절에 만나 불혹의 후반까지 오랜 시간 함께 해오며 나에게 큰 바위 얼굴로 남아 있는 그 친구를 내 평생에 과연 만날 수 있을까. 내 실낱같은 작은 꿈은 이루어질 수 있을까. 오늘따라 그 해답이 무척 궁금해지는 것은 웬일일까.
'명환아, 넌 지금 어디 있는 거니?'

세상에서 가장 맛없는 김치

J교수와 북미의 어느 후미진 아파트에 함께 기거하며 동문수학 하던 시절이었다. 당시엔 북미 땅에서도 요즘처럼 김치 구하는 일이 만만치 않던 시절이었다. 김치가 눈에 아른거리나 매번 멀리 가서 구입해 오는 일도 생각처럼 녹록치 않아, 어느 날 둘은 서로 의기투합해서 김치를 직접 담가 보기로 의견일치를 보았다. 하지만 문제가 발생했다. 서로 상대의 경험을 믿고 있었으나, 둘 다 김치를 담아 본 경험이 전무했던 것이다. 이전에 단 한 번도 김치를 담아 본 적이 없는 정말로 초짜였다. 요즘 같으면 인터넷을 찾아보면 선명한 사진들과 함께 올라온 그 요령과 비법들이 철철 넘쳐나지만, 당시의 상황에서는 정말 언감생심이었다.

가깝게 지내던 유학생들의 부인들에게 물어보면 쉽사리 해결될 수도 있는 문제였지만, 불행히도 나와 J교수 둘 다 그런 수완이 없기는 마찬가지였다. 혹시라도 물어보면 직접 담아주겠다고 제안해오게 되면 민폐가 될 수도 있으니 약간의 시행착오를 겪더라도 직접 담아보자는 쪽으로 결론을 내고, 오는 토요일을 D데이로 잡았다.

둘은 어깨너머로 보았던 장면과 풍문으로 들었던 기억들을 최대한 동원하여 틈나는 대로 이곳저곳 백방으로 쫓아다니며 김칫거리 재료들을 준비하는데 주력했다. 평소, 어머니께서 김치를 담그시던 장면과 그동안 먹어 왔던 김치의 맛을 곰곰이 머릿속으로 더듬어 보며 재료들의 목록을 뽑느라 서로의 머리를 맞대고 숙의했다. 그 결과로 아래의 재료들이 필요하다고 결론을 내렸다. 배추, 소금, 고춧가루, 실고추, 마늘, 생강, 젓갈, 찹쌀가루, 파, 풋고추, 깨. 틈틈이 일단 필요한 재료를 확보하는 데 최선을 다해보고, 그래도 구할 수 없는 것들은 주변에 조언을 구하기로 했다.

드디어 기다리던 토요일이 왔다. 그동안 재료 구하느라 서로 열심히 뛰어다닌 결과 찹쌀가루를 제외한 모든 재료들을 확보하게 되었다. 희미한 기억들을 더듬으며 하나씩 하나씩 실행에 옮겼다. 배추의 바깥 잎 몇 장은 떼어내고 말린 후 나중에 시래깃국 재료로 활용하기로 하고, 겉껍데기가 떨어져나간 배추를 길이 결로 4등분하기 위해 먼저 배를 갈랐다. 일단, 처음 담그는 김치인만큼 자칫 시행착오를 겪을 수도 있음을 감안해서 이번엔 배추 세 포기만을 담그기로 했다.

김장철에 어깨너머로 보아왔던 실낱같은 기억들이 총동원되었다. 속살을 드러낸 배춧잎 사이에 소금을 골고루 뿌리고 숨이 죽기를 기다렸다. 그동안, 김치를 버무리며 '속'으로 활용할 수 있는 양념을 준비했다. 마늘을 까서 생강과 함께 다져서 고춧가루와 섞고, 적당히 젓갈을 풀고 깨소금을 함께 넣어서 속을 만들었다. 자칫, 양념이 너무 짜지 않도록 조심스레 간을 맞춰가며, 파도 적당한 크기로 쏭쏭 썰어 놓았다. 김치 속으로 활용할 재료 준비들을 모두 끝내고, 배추의 숨이 죽을 때까지 기다리는 동안, 둘은 생애 최초로 손수 담근 맛있는 김치를 먹게 될 꿈에 부풀어 있었다.

"이제, 서너 시간이면 배추 숨이 다 죽겠지요?"

"그 정도면 될까요. 잘 모르겠네요. 나중에 배추를 보면 판단이 서겠지요. 하하."

"그래요, 그동안 점심이나 만들어 먹지요."

"하하, 그럽시다. 오늘은 주말이니, 국수나 라면으로 하면 어떨까요."

"그렇지 않아도, 국수가 먹고 싶어 좀이 쑤셨는데 좋은 생각입니다."

이렇게 하여 점심은 국수로 간단히 해결하고 충분한 휴식을 취한 뒤, 드디어 배추의 절임상태를 점검하고 둘은 양념 버무리기 작업에 착수했다. 소금기를 머금고 풀이 죽을 대로 죽은 배추를 갓 씻어내자마자 이쪽저쪽 뒤집어가며 골고루 양념을 바르기 시작했다. 잎과 잎 사이에도 골고루 양념이 묻도록 정성껏 발라줬다.

"냄새가 좋죠?"

"정말, 어머니 김치 담그실 때 맡았던 딱 그 냄새네요."

"맛있겠다. 빨리 먹어 보고 싶습니다. 어떤 맛일까? 하하."

둘은 잔뜩 기대를 부풀리며, 첫 작품으로 탄생할 김치의 맛에 대한 궁금증을 키웠다. 양념 바르기가 완성된 포기들은 정성껏 잘 말아서 용기에 차곡차곡 재웠다.

"이제, 우리 시식해 볼까요. 기대됩니다."

"설렙니다. 역사적인 날인데 오늘 이 순간을 꼭 기억하자고요."

"네. 하하."

한 잎을 길이로 쭉 찢어 J교수에게 건넸다. 나머지 한쪽은 내 입으로···. 김치를 입에 넣은 순간, 둘의 인상은 동시에 일그러졌고, 둘의 입에선 거의 동시에 "맛이 왜 이러지" 하는 말이 튀어 나왔다.

"이건 아닌데요. 뭐가 잘못됐을까요? 만드는 방법이나 과정에 특별한 하자는 없는 것 같은데 도무지 납득이 되질 않네요."

"그러게요. 이럴 리가 없는데. 뭣이 잘못되었는지 도무지 알 수 없네요."

"제조과정을 다시 찬찬히 한 번 되짚어 봅시다. 우리가 뭘 잘못한 것인가."

공정들을 차례로 되짚어 보았지만 둘의 능력으로는 문제점을 찾아낼 수 없었다. 하는 수 없이 창피를 무릅쓰고 가까이 지내는 유학생 부인에게 자문을 청하기로 했다. 마치 범죄의 현장을 검증하듯, 우리가 밟았던 김치제조과정들을 하나씩 하나씩 재연해 보였다.
"잘 하셨는데. 남자분들이 이런 시도를 하셨다는 것만으로도 굉장히 후한 점수를 드리고 싶어요. 호호(남편을 쳐다보며) 자기도 나 없으면 이렇게 할 수 있겠어요?"
"난 아예 엄두조차 내질 않았을 거야. 설마, 앞으로 날보고 김치 담그라고 그러진 않겠지?"
"하하 도둑이 제발 저리다더니. 혹시 알아요, 내가 아프기라도 하면 자기도 담궈 먹어야지."
"그땐 이 아파트에 와서 두 분께 좀 얻어먹어야지. 비상시엔 제가 김치 좀 얻어먹어도 되죠."
"하하하. 그럼요. 당연하지요."
"어휴 내가 말을 말아야지… 츠암 내…."
우리 둘의 노력과 무모한 도전이 그래도 아주 가상한 듯, 그 부인은 연신 밝은 표정으로 웃었다. 절차상 방법상 아무런 하자가 없다며 연신 좋다는 신호를 보냈다. 그러나 우리의 재연이 거의 끝나가던 마지막 순간에, 그녀의 입에서 결정적인 멘트가 흘러 나왔다.
"잠깐만요, 아무래도 여기서 잘못된 것 같네요. 풀이 죽은 배추를 물에 씻으신 것까지는 좋았는데, 그 물기가 완전히 빠지지 않은 상태에서 바로 양념을 발라서 맛이 좀 이상하게 된 것 같아요. 다 잘 하셨는데, 그만 마지막에 좀 안타까운 실수가 나온 것 같아요. 보통은 아래에 물동이를 받쳐두고 씻은 배추의 물기가 빠지도록 기다려주셔야 하는데, 그 과정이 생략되다보니 이렇게 된 것 같아요. 많이 담그질 않았으니 다행이에요. 마지막 과정만 잘 알고 계셨더라면, 정말 재료준비도 너무 좋았고, 다른 모든 과정들은 흠잡을 데가 전혀 없었어요. 제가 한 번 이 김치들을 다시 잘 추스르고 수습해서 되돌려 드릴 테니, 너무 염려하지 마세요."

고맙고 친절한 부인 덕분에 김치는 어느 정도 기대하던 맛을 되찾을 수 있게 되었지만, 이렇게 하여 나와 J교수는 본의 아니게 세상에 태어나 제일 맛이 없는 김치를 먹어야 했다. 첫 김치의 제작은 우여곡절 끝에 실패로 끝나고 말았지만, 요즈음도 가끔 그 당시의 김치 맛을 떠올리면 피식 웃음이 절로 나온다. 이러한 시행착오 덕분에, 우리는 김치 담그는 비법을 확실히 익히게 되었고, 이후부터는 거의 어머니 손맛에 육박하는 맛있는 김치를 담글 수 있게 되었다. 호랑이 담배피던 시절의 전설 같은 이야기지만 내 기억 속에는 그 맛과 당시의 추억이 아직도 선명히 남아있다.

세상에서 가장 맛있는 김치

 우리의 음식문화를 얘기하는데 빼놓을 수 없는 감초 같은 음식이 김치가 아닐까. 예나 지금이나 남녀노소 가릴 것 없이 누구나 즐겨먹는 우리의 전통음식이다. 날마다 대하는 식탁에 단 하루만 안보여도 마음 한 구석이 허전해지는 친구이다. 후각을 자극하는 잘 숙성된 김치에서 풍겨 나오는 달콤한 냄새와 입안으로 녹아드는 매콤한 맛은 그야말로 일품이다. 어떤 음식과도 비견할 수 없는, 세상에서 유일한 것이, 우리의 김치맛이 아닌가. 따끈한 쌀밥에 매콤새콤한 김치 한 대접 곁들일 수 있다면 그 어떤 산해진미도 부럽지 않을 것 같다.
 추운 겨울을 나기 위해 담그던 동절기 김장은 우리 조상들의 훈훈한 인심과 지혜, 그리고 정서가 그대로 스며있다. 이제는 주변에서 거의 볼 수 없지만, 예전엔 한겨울이 다가오면 동네 여인네들이 삼삼오오 둘러앉아 함께 김장을 담그던 정겨운 장면들이 많은 이들의 마음속에 여전히 훈훈한 풍경으로 남아 있을 것이다.

다들 빈곤한 형편으로 암울했던 시절이었지만, 막 담근 김치포기를 용기에 정성껏 담아 이웃에 돌리며 서로 정을 나누고 맛을 나누곤 했던 그 시절이 문득 그리워지는 것은 웬일일까. 갓 담근 김장김치의 결을 따라 길이로 죽죽 찢어 갓 지은 쌀밥 위에 얹어 먹을 때의 그 매콤하고 칼칼한 맛에 입안이 얼얼해지던 그 느낌 또한 어찌 잊을 수 있으랴.

이젠 많은 외국인들도 우리 고유의 김치맛을 즐길 만큼 김치의 위상이 국제적으로 올라가면서 세계 어디를 가던 김치를 어렵지 않게 만날 수가 있다. 몇 해 전, 우리를 공포의 도가니로 몰아넣었던 사스(조류독감)가 창궐했을 때, 여러 주변국들과는 달리 우리나라에서만 유독 사스환자발생이 거의 전무함이 알려지면서 우리들의 음식문화는 다시 한 번 전 세계로부터 주목받은 바 있다. 당시, 김치가 비상한 관심을 끌었음은 주지의 사실이다. 서울올림픽이 열리던 당시, 선수들 사이에서 가장 인기가 높았던 음식도 역시 김치였다. 이후, 우리나라를 방문했다가 되돌아가는 외국인들의 여행 가방 속에서 심심찮게 김치통이 발견되곤 했지만, 더 이상 뉴스거리도 되지 않을 정도가 되었다.

이처럼 세상이 바뀌고 세태도 변하여 세계 어디서나 김치를 어렵지 않게 구할 수 있게 된 요즈음이나, 불과 수십 년 전만해도 김치란 음식은 외국에선 아무 곳에서나 찾는다고 쉽게 구해지는 그런 종류의 음식이 결코 아니었다. 외국으로 유학을 떠난 학생들이 김치를 사기 위해 수백리 길을 마다않고 밤새워 가속페달을 밟지 않으면 안 되었던 얘기를 풍문으로 듣곤 했던 그 당시와는 격세지감마저 느껴진다.

그러나 김치가 널리 보급된 요즈음 세상에도 여전히 김치보급의 사각지대는 존재하고 있다는 것을 알게 된 것도 최근의 일이다. 먼 나라 사람들의 이야기가 아니라, 바로 나 자신의 이야기이며, 내가 그 장본인이자 산 증인이 된 셈이다. 어찌하다가 그 사각지대에서 살게 되는 기구한 팔자에 처하다보니, 김치구경을 못 한지도 반년이 훌쩍 흘러갔다. 지금 내가 머물고 있는 나라는 카리브해역의 소국인 '트리니다드 토바고'라는 곳이다. 이곳에 상주하는 교민의 가정이라곤 열 가구 남짓하다고 한다. 그나마, 내가 머물고 있는 도시엔 교민가정은 단 한 가구도 없다고 했다. 대사관에 연락해서 자초지종 알아보았으나, 이 나라엔 한인이 운영하는 한국가게는 전무하다는 반갑지 않은 얘기만 듣게 되었을 뿐이었다.

사정이 이렇다보니, 한국음식에 대한 미련들은 일찌감치 접고 살지 않으면 안 되었다. 호텔에서 나름대로 정성껏 마련해준 도시락을 받아 들고 출근하여 점심을 해결하곤 하는데, 인디아에서 넘어온 인구가 많다보니 도시락의 내용물은 십중팔구 인디아계통의 음식들이다. 원래 나 자신의 식성자체가 그리 원만한 편이 아닌데다, 낯설고 야리꾸리한 향료냄새가 가미된 음식들로 점심을 해결하여야만 하다 보니 여간 괴로운 일이 아니다.

정말, 요즈음은 갈수록 김치가 그리워 병이 날 지경이다. 김치를 마음대로 대할 수 없는 것도 서러울 지경인데, 우리의 기호와는 너무도 동떨어진 자극적인 향료를 가미한 인디아 음식들을 날마다 먹고 지내자니 여간 고역이 아닌 것이다. 매 끼니 때마다 매콤하고 얼얼한 김치 맛에 대한 생각이 간절해질 수밖에 없다. 집에서 날마다 식탁에 올라 올 땐 별 생각없이 대하곤 했던 김치였지만, 그 존재의 소중함을 다시금 절실히 깨닫게 된 요즈음이다.

헌데, 어제 점심시간엔 놀라운 광경이 벌어졌다. 평소처럼 무겁고 괴로운 마음으로 점심도시락 뚜껑을 습관처럼 열었더니, 이게 웬일인가. 그토록 몽매에도 그리던 김치냄새가 나를 흔들었다. 혹시 마법에 홀린 것은 아닌가 했다. 아무리 생각해보아도 도무지 그림이 그려지질 않는다. 꿈인지 생시인지.

그동안 한국음식이라곤 구경조차 할 수 없었던 이 먼 나라에 뜬금없이 점심도시락에 김치가 등장하다니 말이 되는 소리인가. 도대체, 어떤 연유로 이 도시락 통에 김치가 담겨질 수 있었던 것일까. 호텔 주방에 모르는 한국 아주머니가 갑자기 들어오시게 된 것일까. 아무리 생각해보아도 이는 도무지 말이 안 되는 그림이다. 그럼, 나를 위해 호텔에서 한국에다 김치를 특별주문해서 몰래 공수라도 해 온 것일까. 이 또한, 더더욱 얘기가 안 된다. 아니면, 이곳 주방 아줌마들이 날 놀래기 위해 작심하고 김치 담는 비법을 전수받기라도 한 것일까. 아무리 그렇다손 치더라도 김치의 손맛이란 게 그렇게 하루아침에 손쉽게 습득되는 것이 아님은 삼척동자도 다 아는 터. 그러니 이 그림 또한 말이 안 되는 것은 마찬가지였다. 이런 저런 시나리오를 그려보며 오만 가지 추측을 다 해 보았지만, 정작 납득할만한 그림은 결코 나오질 않는다.

지성이면 감천이라더니…. 도무지 있을 수 없는 기적 같은 일이었다. 어쨌든 고마운 주방아주머니 도움으로 오래 헤어졌던 연인을 만난 듯한 반가운 마음으로 김치를 먹을 수 있었으니. 하늘을 날고 싶은 기분이다.

너무 오랜만에 녀석을 대한 탓일까. 아무튼, 세상에 태어나서 먹어 봤던 가장 황홀한 김치맛이었다. 알맞게 익은 김치의 맛도 일품이었지만, 빛깔 또한 그리 곱고 근사할 수 없었다. 덤으로 나에게서 평생 잊을 수 없는 최고의 김치로 등극하는 영광까지 안게 되었다. 나를 깜짝 놀래줄 요량이었던지, 아침에 아무런 말이나 사전 암시를 건네지 않았지만, 왠지 넌지시 입가에 가벼운 미소를 머금고 도시락을 건네주던 주방아주머니의 모습이 좀 수상쩍다했더니, 그제서야 자초지종 그 전말을 이해하게 되었다.

아주머니의 아름다운 얼굴만큼이나 마음씨도 참으로 예쁘고 고맙게 느껴졌다. 그동안 정성껏 차려준 음식들을, 입에 맞지 않는다고 거의 입에 대지도 않은 채, 물리곤 했던 내 자신이 부끄러워지고 괜스레 미안한 마음이 든다. 가끔 이런 재미들이 있으니 인생은 그래도 한 번 살아 볼만한 것이 아닌가하는 생각이 들었던 하루였다.

2.
일상의 뜨락

낯선 출근길

　차창 안으로 인사를 건네오는 열대지방의 아침공기가 싱그럽다. 카리브 해의 섬나라인 이곳에 온 지도 어느새 반년이 훌쩍 지나고 있다. 차창 밖의 낯선 풍경들이 이제 조금씩 살갑게 다가섬은 지난 반년 동안 무언의 인사를 열심히 건넨 덕분에 내게 주어진 선물이라는 생각이다. 저 만치 거리를 두고 꿈쩍도 않던 대상들이 서서히 아는 체를 하며 내 곁으로 다가와 준 것이다.
　이곳으로 오기 전, 나는 긴 밤의 평온함을 즐기는 '올빼미과'의 부류에 속하는 사람이었다. 출발의 늦음을 평행 이동시켜 마감의 연장으로 보상하는 식의 타성에 오래 젖어 있었다. 그러나 이곳에 와보니 나의 그런 타성은 어디에도 설 자리가 없었다. '종달새과'들이 지배하는 세상인데 '올빼미과'의 타성을 용인해 달라고 떼를 쓸 분위기가 전혀 아니었다. 그러나 도착하자마자 두 시간의 시차에다 무려 세 시간이나 앞 당겨진 출근시간에 갑자기 적응하기란 말처럼 그리 녹록한 게 아니었다. 각고의 노력을 한 덕분인지, 나바론의 요새처럼 견고하던 나의 오랜 습관이 슬금슬금 뒷걸음질치기 시작하더니, 두 주일 만에 완전히 허물어지고 말았다. 그러나 아침형 인간으로 거듭난 덕분에 주어진 보너스들이 의외로 많았다. 눈썹달도 만나고 샛별도 만나고, 신새벽의 기운과 상큼한 공기를 무한대로 향유할 수 있는 보너스까지 받았으니 밑지는 장사는 아니었다.

  숙소를 벗어나 5분쯤 남쪽으로 달리다가 신호를 받아 우측으로 핸들을 꺾으면 시원한 직선도로가 나타난다. 이 나라에서는 좀처럼 보기 드문 깔끔하고 쾌적한 직선도로이다. 신선한 아침공기를 가르며 이 길을 3분쯤 달리다보면 막 잠을 깨며 기지개를 펴는 바다가 시야에 들어온다. 이제는 낯익은 바다가 되어 날마다 만나는 이방인의 인사에 꼬박꼬박 반갑게 화답해주는 고마운 친구이다. 어제 하루 종일 온몸으로 받아 내었던 태양의 뜨거운 열기를 밤새 미처 다 식히지 못한 것인지, 눈을 비비며 막 잠에서 깨어나는 검푸른 바다 위에선 물안개가 스물스물 피어오른다. 간헐적으로 보이는 빈 배들은 시름을 잊은 채 일렁이는 파도를 따라 춤을 추고 있다. 저들도 한때는 휘파람 불며 이 바다 저 바다 신나게 휘젓고 다니던 만선의 시절을 추억하고 있는 듯하다.

  어둠과 빛이 밀고 당기며 팽팽한 줄다리기를 하는 시간이다. 날마다 하는 줄다리기에서 늘 패배하는 어둠이지만 그래도 쉽사리 제자리를 내어놓긴 싫은 모양이다. 빛의 기운에 어둠의 저항군들이 기운을 잃기 시작 할 즈음이면, 어둠속에서 안식을 끝낸 태양도 서둘러

세수를 마치고 일출을 서두르고 있을 것이다. 신새벽 출근길은 서사시처럼 펼쳐지는 대지와 바다의 용틀임을 직접 눈으로 보고 느낄 수 있어 좋다. 신호등의 빨간불이나 파란불이 아닌 노란불처럼 잠시 잠깐 켜졌다가 꺼지는 그 긴박감과 스릴이 느껴져서 좋다.

신새벽에 바다 옆을 달리는 자들에게만 주어지는 특혜인 셈이다. 바다를 벗어나 서쪽으로 조금 더 달리다 보면, 왼쪽으로 꺾어지는 소박한 포장도로 하나가 시야에 들어온다. 일터로 가기 위해선 반드시 거쳐야하는 또 하나의 길이다 이제껏 달려왔던 도로가 도회지를 관통하는 날렵하고 세련된 길이라면, 이제부터 달려야 하는 이 길은 구불구불하고 투박한 재래식 같은 길이다. 자주 손질이 되지 않아, 요철이 심하고 듬성듬성 구멍들이 있는 길이다. 양방 일차선의 좁은 길이라 아슬아슬한 장면이 자주 연출되기도 한다. 그러나 핸들을 부지런히 좌우로 꺾으면서 모두들 씽씽 잘도 달린다. 핸들을 가만히 붙잡고 가속기와 제동기만 살짝살짝 밟아주면 되던 대도시의 운전방식이 전혀 먹혀들지 않는 길이다.

처음 얼마간은 이 길을 달리는 동안 여간 긴장되는 것이 아니었다. 교행하는 차량들이 저마다 손바닥만큼의 간격을 사이에 두고 양쪽에서 마주 보고 씽씽 달리니, 일터에 도착하면 손바닥과 등이 땀으로 흥건히 젖어있기가 일쑤였다. 게다가, 차량이 좌측통행이라 잠시라도 정신줄을 놓아버리면 차량 우측통행의 환경에 길들여진 운전습관이 나도 몰래 되살아날까봐 여간 신경이 쓰이는 것이 아니었다. 그러나 지난 반년 동안 이러한 어색함과 낯설음의 그림자들은 어느새 자취를 감추고, 익숙함의 새 옷들로 바꿔 입은 자신을 발견한다.

도심의 회색빛 직선도로들은 세련되고 깔끔한 느낌을 주지만, 왠지 딱딱한 규율 속에 질서와 절제를 강요받는 느낌이 들어 쉽사리 정이 붙지 않는다. 허나, 구불구불한 데다 좁고 낙후된 이 길은 질퍽한 인정과 훈훈한 사람냄새가 느껴져서 좋다. 오고가는 도중에 저마다 열심히 살아가는 여러 사람들을 만날 수 있고, 그들의 밝은 표정을 대하다 보면 출근길도 절로 즐거워진다.

세상의 이목과 중심에서 조금 비켜서 있는 카리브지역 사람들. 이들의 본성이 낙천적인 탓인지 운전자들끼리 양보와 인내의 미덕을 발휘하는 모습이 자주 보인다. 수신호를 자주 사용하는 이들의 모습도 왠지 인간적인 느낌을 준다. 앞의 차들이 정지를 하거나 감속을 해도 답답해하지 않고 서로 양보하고 이해하며 참고 기다려주는 마음들이 참 넉넉하고 곱게 보인다. 조금만 자신의 운전에 방해를 받아도 육두문자를 쓰고 금방 경적을 울려대는 운전자들이 없어서 더불어 마음에 여유가 생긴다.

이 길을 달리다보면 각양각색의 사람들을 만나게 된다. 아침 등교를 위해 버스를 기다리는 교복을 입은 학생들부터, 저마다 형형색색의 옷을 입고 출근하는 직장 여성들, 아침부터 웃통을 열어젖히며 활보하는 청년들도 이따금 보인다. 바지가 엉덩이에 걸쳐 팬

티가 드러나는 독특한 패션을 보이는 힙합청년들의 모습과 아침운동을 하는 노인들에 이르기까지 저마다 활기차게 하루 일과를 여는 이 거리엔 이른 아침부터 생동감이 묻어난다. 옷의 패션들이 이처럼 다양하듯, 단정한 머리부터 레게파마를 한 사람에 이르기까지 헤어스타일 또한 각양각색이다. 남을 의식하지 않고 저마다 자유로운 생각을 지니고 낙천적으로 살아가는 저들이 부러울 때가 있다. 그런 가운데도 전체의 질서나 치안이 무너지지 않고 잘 유지되고 있는 느낌이다. 남을 의식하거나 체면치레 때문에 많은 대가를 치르고도 좋은 소리 듣지 못할까봐 노심초사하며 살아가는 우리들의 모습과는 분명히 다르다. 활기가 넘치는 이 길을 따라 구불구불 달리다보면, 북적대던 인파는 어느새 사라지고 녹음 짙은 열대 숲이 줄지어 나타난다.

열대의 강한 태양에너지와 풍부한 수자원, 거기에 수목들의 왕성한 생명력이 최적의 조합으로 어우러지는 곳이다. 싱싱한 초록과 청명한 하늘의 푸르름이 나에게 강렬한 삶의 의지를 불러일으키는 곳이다. 각자의 자리에서 열정을 다해 열심히 살다보면 세상은 저절로 이렇게 아름다워지는 것이라고 말하는 것 같다. 차창을 내리고 저들이 밤새 펴낸 신선한 산소를 들이마시고 싶어 몇 차례 심호흡을 해본다. 싱그런 초목의 냄새가 아직도 배어있는 기체가 한 움큼 기도를 타고 들어와 세포 개체 하나하나마다 스며드는 것 같다.

수목들이 울울창창 들어찬 이 숲들의 왕자는 대나무들이다. 이 작은 열대의 섬에 웃자란 대나무들이 어찌 이리도 많을까. 전 세계의 대나무들을 모두 이곳에다 옮겨 심어 놓은 것은 아닐까하는 생각이 들 만큼 그 개체수가 많은 것 같다. 그야말로 여기는 대나무 천국이다. 가는 곳마다 빼곡히 들어찬 대나무들이 죽림을 이루고 있다. 지천으로 널린 꼿꼿한 대나무의 정기를 받으며 생활한 탓일까. 이 나라엔 반듯한 사람들이 참 많은 것 같다. 다른 이들의 입장을 잘 헤아려 주는 편이라 지내기도 편하다. 이들의 환하고 밝은 표정들은 나에게 삶의 활력과 에너지를 가져다주는 또 하나의 원천인 것이다.

짙은 초록의 싱그러운 죽림을 거의 통과할 즈음이면, 라디오에서는 어김없이 'morning peace'라는 프로그램이 은은한 음악과 함께 시작된다. 그날그날 삶의 귀한 양식이 될 만한 유익한 메시지를 진지한 목소리로 전하는 이 시간만큼은 하루의 일과 중에서 절대로 놓치고 싶지 않은 또 하나의 소중한 시간이다. 한 번 듣고 그냥 흘려버리기엔 너무도 아까운 멘트들이라, 영원히 마음속에 또박또박 새겨 놓고 싶은 생각이 들 때가 많다. 약 8분간 이어지는 내레이터의 스피치가 끝날 즈음이면, 낯익은 건물 하나가 방긋 아침 인사를 한다. 나의 사무실이 있는 공간이다. 출근길에서 얻었던 넘치는 기운과 에너지들을 하루의 일과시간 동안 아낌없이 연소하며, 오늘 하루도 후회하지 않는 시간들로 채우겠노라 다짐하며 사무실로 들어선다.

허리케인

　태풍은 여름부터 가을 사이에 갑자기 발생해서 어마어마한 피해를 남긴다. 어느 누구도 초대한 적이 없건만 연례행사처럼 꼬박꼬박 찾아와서 머리를 들이미는 반갑지 않은 단골 불청객이다. 우리나라에 태풍이 있다면, 동남아에는 사이클론이 있고, 내가 사는 이곳에는 허리케인이 있다. 사정이 이렇다보니, 세상 어디에서 숨쉬고 살던 간에 이 불청객을 모른 체하고 지내기란 어렵다.
　작년 여름 초대형 허리케인 '아이크'가 내가 사는 도시를 정면 강타했다. 무슨 전생에 원수라도 진 양 작정을 하고 와서는 온 시가지를 삽시간에 쑥대밭으로 만들어 놓고 언제 그랬냐는 듯 서둘러 훌쩍 달아났다. 아주 모질게 내상을 입은 도시는 그야말로 아수라장을 방불케 했다. 곳곳마다 아이크에 할퀸 자국들을 드러내고 끙끙 앓고 있는 모습이었다.
　파손된 건물들, 집집마다 넘어진 담장들, 날아간 지붕들, 거리마다 어지럽게 널브러진 나뭇가지 잔해들, 넘어진 전신주와 끊어진 전선들이 간밤에 찾아온 아이크의 강도와 위력을 가늠케 했다. 전기와 식수공급이 전면 중단되자, 도시는 삽시간에 온 사방이 암흑으로 변하고 말았다. 타임머신에 실려 조금 전까지 누렸던 첨단 문명의 세계에서 갑자기 원시세계로 내팽겨 쳐진 듯한 기분이었다.

달나라에 사람을 보내고 최첨단 과학기술로 세계의 부러움을 한 몸에 받고 있는 세계 최강국이란 지위가 자칫 무색할 정도였다. 거대한 자연의 힘 앞에선 최첨단 과학기술이나 최첨단 문명국의 지위나 알량한 자존심도 한갓 무용지물일 뿐이었다. 그들 역시 대자연의 순리나 법칙을 따라 그저 하루하루 순응하며 살아갈 수밖에 없는 보잘것없이 나약한 피조물임을 부인할 수가 없었다.

삼 년 전 초매머드급 허리케인 '리타' 때문에 한 바탕 몸살을 앓았던 악몽이 되살아났다. 그 당시는 뉴올리안즈를 무참히 짓밟아 버린 '카트리나'의 참혹한 현장을 보면서 두려움이 극에 달하여 있던 터라, 시민들 모두 피난길을 재촉했었다. 리타와 거의 흡사한 진행방향을 보이며 아이크가 이 도시를 삼킬 듯이 정조준해서 점점 거리를 좁혀 오자, 동요된 시민들의 불안감은 극에 달했다.

상륙 직전 세력에 그 위력이 크게 감소했던 리타와는 달리, 아이크는 상륙 이후에도 그 파괴력과 세력을 그대로 유지한 아주 무시무시한 허리케인이었다. 마침 허리케인 눈이 이 도시의 도심을 한밤중에 관통했으니 그 주변지역의 피해도 어마어마할 수밖에 없었다. 갑자기 암흑천지로 변한 세상에서, 귓전으로 들려오는 날선 바람소리를 듣고 있자니 흡사 납량특집의 괴기영화를 보고 있는 것처럼 소름이 끼쳤다. 이토록 매섭고 모진 강풍은 정말 난생 처음이었다. 얼마나 무서웠으면, 뒷마당에 키우는 진돗개 준이도 집에서 나오질 않고 몸을 바짝 웅크리고 있었다.

평소 그토록 온화하고 자애롭던 자연이 왜 이따금 회초리를 들고선 우리를 공포로 몰아넣는 것인지 궁금하다. 만물의 영장임을 자처하며 날로 교만해지는 우리 인간들이 못마땅한 것일까. 아니면, 무사안일과 편함 속에 안주하려는 인간들에게 경종을 울리고, 적당한 긴장감을 지니고 살라는 메시지일까. 그 이유를 알 순 없지만, 자연의 질서에 순응하고 보다 겸허하게 살다보면 나아질는지.

부모의 얘기를 슬슬 건성으로 듣기 시작하던 우리 아이들도 이번 고비를 모두 함께 넘기면서 깨닫는 바가 적지 않았을 것이다. 하나의 추억거리가 되고, 앞으로 헤쳐 나갈 인생에 귀한 보약이 되었을 것이라고 믿고 싶다. 평소에 마음껏 사용했던 전기와 물의 공급이 끊기자, 마음대로 되는 일이 하나도 없음을 본인들도 뼈저리게 체험했을 것이다. 인류가 이룩한 모든 업적과 문명들이 한순간에 물거품이 될 수 있다는 사실을 저들도 몸소 체험하며 깨닫게 되었을 것이다. 평소 무관심하게 대했거나 누려왔던 혜택들이 실제로 얼마나 소중하고 고마운 것들인지 체험하는 귀한 계기가 되었으리라고 본다. 고비가 닥칠수록 서로의 지혜를 모으고 희생하는 자세로 우애를 다지고 화합하며 살아가야하는 가족의 존재와 소중함에 대해서도 절실히 느끼는 바들이 있었을 것으로 믿는다.
 허리케인 때문에 엄청난 피해를 입고 많은 어려움들도 겪었지만, 아울러 많은 것들을 직접 체험하며 깨닫게 되는 계기가 되기도 했으니, 세상사란 이처럼 잃는 것이 있으면 반드시 얻는 것도 생기니, 어찌 보면 모두가 제로섬 게임인 것 같다.

스쿨존 징크스

 평상시 여간해서는 과속을 하지 않지만 유독 교통위반 스티커를 많이 받는 편이다. 며칠 전에 또 스티커를 받았다. 공교로운 것은 내가 스티커를 받는 상황이 거의 같다는 점이다. 무조건 서행하도록 되어있는 스쿨존이 그 주범이다. 이번에도 어김없이 스티커를 받은 곳은 스쿨존이다. 그동안 무려 다섯 번의 스티커를 받았는데 모두 스쿨존 서행구간에서 받았다. 이쯤 되면 스쿨존이 나의 아킬레스건이라 해도 과언이 아닐 성싶다. 규정 속도를 믿고 달리다가 한 순간 방심하여 표지판을 못보고 스쿨존에 진입하는 실수를 거듭해왔기 때문이다. 평상속도로 달린다 하더라도 스쿨존에 진입하면 규정 속도보다 무려 30킬로 이상을 초과하는 셈이 된다.
 이 때문에 나로서는 달갑지 않은 '스쿨존 징크스'가 생기고 말았다. 스쿨존 구간의 저속운전규정과 나의 안일함이 합작하여 반복적으로 빚어낸 개인적인 참사라 할 수 있다. 나의 이런 스쿨존 징크스 때문에 언제부터인가 초행길을 달릴 때는 혹시라도 도중에 스쿨존이 잠복해 있지는 않을까 늘 긴장하며 돌다리를 두드리듯 운전하는 버릇까지 생겼다. 반복되는 일상을 살아가다보면 타성에 젖은 생활태도나 습관 때문에 본의 아니게 뜻하지 않은 상황에 내몰리게 되는 경우가 더러 있다. 금연구역으로 지정된 규정이 발효된 지도 모른 채 담배를 핀다든지, 운전 중 휴대폰사용이 금지된 새로운 규정을 모르고 평소처럼 운전 중 휴대폰을 사용하다가 낭패를 만나는 경우처럼 일상 중에서 이러한 일들은 비일비재하다. 일상의 긴장감을 앗아가는 심리적 해이나 안일한 태도와 습관적인 타성 때문에 빚어지는 현상들이다.

  스쿨존 징크스가 생긴 것은 스쿨존의 표지판을 주의 깊게 보지 못한 나에게 모든 일차적인 책임이 있기에 입이 열 개라도 할 말이 없다. 아이를 셋이나 키우면서 스쿨존의 필요성과 고마움을 누구보다 잘 알고 있기에 내가 자주 티켓을 받았다고 해서 스쿨존이 없어져야 된다고 주장한다면 이는 그야말로 어불성설이다. 하지만 나도 사람이기에 더러는 억울한 마음을 주저앉히기가 힘들 때도 있다. 어떤 스쿨존에서는 서행표지판들이 눈에 잘 뜨이지 않은 경우도 있기 때문이다. 가지치기를 하지 않아 웃자란 나무에 표지판의 일부가 가려 있다거나, 운전에 주의를 요하는 커브길이 나타나서 순간적으로 표지판을 놓쳤던 경우도 있었다. 초행길이라면 표지판을 보지 못하고 지나칠 개연성은 더욱 높아진다. 이런 상황을 미리 알고서 길목을 지키고 있다가 갑자기 저승사자처럼 나타나

막무가내로 스티커를 발부하는 경찰들에 대해서는 얄미운 생각이 들 때도 있다. 더러는 경찰들이 부실한 표지판들을 개선하려는 의지보다 오히려 낯선 운전자에게 불리한 이러한 상황들을 역이용하는 것이 아닌가하는 의구심마저 들 때가 있었기 때문이다.

한 번은 아이들 통학버스 뒤에 숨어 있던 한 경찰로부터 한화로 무려 120만원이나 되는 교통위반 스티커를 받고 요즈음 말로 멘붕이 온 적도 있었다. 이곳의 도로교통법규에 의하면 학생들이 통학버스에서 승하차할 시, 주변의 모든 차들은 신호에 따라 일제히 가던 길을 일시적으로 멈추고 대기하여야 한다. 통학버스 운전자는 옆에 부착된 팔각형의 빨간 '멈춤' 표지판을 펼치거나 접으면서 주변 차들에게 신호를 보낸다.

120만원짜리 티켓을 받았던 그날은 스쿨존에서 통학버스가 이미 학생들을 모두 학교에 내려주고 텅 빈 상태로 길옆에 대기하고 있는 상황이었다. 습관처럼 통학버스의 멈춤 표지판을 확인했으나 펼쳐져있지 않았다. 그래서 스쿨존 규정 속도 이하로 조심스레 서행하면서 그 통학버스를 통과하려는데 갑자기 숨어있던 경찰차가 나타나 경고등을 켜고 사이렌을 울렸다. 차를 세웠더니 경찰이 나타나 대뜸 통학버스가 서 있는데 왜 차를 멈추지 않느냐면서 교통위반 스티커를 발부했다. 멈춤 표지판이 펼쳐져 있지 않아서 서행을 했다고 말했지만, 그 경찰은 나의 얘기는 전혀 듣지를 않고, 억울하면 법정에서 따져라는 식의 자기 말만하고선 막무가내였다.

경찰의 스티커 발부의지를 도무지 꺾을 재간이 없었다. 스쿨존에서 규정 속도위반 시 발부되는 스티커는 일반의 경우에 비해 그 범칙금이 무려 두 배 이상이다. 이날 그 경찰은 범칙금이 가장 높은 스티커를 나에게 발부했다.

우여곡절 끝에 이 스티커는 결국 무효처리가 되었지만, 사건이 종결되기까지 무려 2년이란 세월이 소요되었다. 이곳에서 교통스티커를 받고 변호사를 찾아가면 스티커에 명시된 공판일자를 최대한 연기하는 일부터 시작한다. 경찰이 먼저 자신에게 편리한 날짜를 정해 스티커를 발부하지만 변호사는 그 경찰에게 최대한 불편함을 초래하여 경찰의 공판 참석의지를 꺾어 놓기 위해서란다. 이 때문에 공판일자의 변경으로 스티커를 발부한 경찰이 대개 법정에 모습을 드러내지 않음으로서 티켓은 자동무효처리가 되어 사건과 재판은 이걸로 종결되는 것이 보통이다.

입장이 상반되는 경찰과 변호사측의 쌍방이 벌이는 고도의 심리전과 힘겨루기가 물밑에서 팽팽하게 전개되고 있음을 은연중에 느낄 수 있었다. 그러나 나의 케이스에는 변호사의 이러한 통상적인 전략이 잘 통하지 않았다. 워낙, 스티커의 범칙금이 높은 사건에 대한 공판이다 보니 이번만큼은 경찰이 출석하지 않았더라도 그에게 다시 한 번 소명 기회를 주어야한다는 재판부의 판단 때문이었다. 최종판결에 대한 재판부의 판단 유보결정 때문에 이번 공판에서는 아무런 결론도 보지 못한 채, 나로서는 무작정 일 년을 다시

기다려야하는 부담을 짊어져야했다. 기다리는 것이 여간 사람을 힘들고 지치게 하는 일이 아니라서 그냥 벌금을 납부하고 끝낼까 하는 생각이 들기도 했지만, 앞으로 엄청난 보험료인상과 다른 잠재된 불이익들로 이어질 가능성을 생각하니 쉽사리 실행에 옮기기도 힘들었다.

다시 일 년이란 시간이 흘러 두 번째 공판일자가 다가왔다. 이번에도 나에게 티켓을 발부했던 그 경찰은 눈에 뜨이지 않았다. 내심 기대를 하면서 판사 앞에 섰더니, 뜻밖의 얘기를 했다. 여름휴가 때문에 출석할 수 없으니 꼭 다시 한 번 소명기회를 달라고 청원서를 경찰이 보내왔다는 것이다. 이런 경우는 처음이라며 판사도 잠시 갈등하더니, 마침 옆에 있던 검사를 불러 조언을 구하였다. 둘의 대화를 엿들어보니, 검찰은 이미 두 번씩이나 출석하였는데 또 다시 나와 달라는 것은 경찰의 무리한 요구라는 의견을 판사에게 개진하는 것 같았다. 고개를 끄덕이던 판사가 결국 경찰의 요구를 기각하면서 이 케이스는 그렇게 대단원의 막을 내리게 되었다.

가까스로 위기를 모면했지만, 공판이 무려 2년이나 진행되면서 늘 마음의 부담을 안고 지냈으니 가혹한 심리적 형벌은 이미 달게 받은 셈이나 다름없었다. 누구나 오랜 기간 운전을 하다보면 교통위반 스티커를 받을 수 있다. 교통지옥을 방불케 하는 혼잡한 교통상황에서 교통사고들이 더욱 빈번히 발생하는 상황을 감안할 때,

운전자들의 경각심을 일깨우고 교통사고를 줄이기 위해 스티커 발부는 꼭 필요하다고 본다. 스티커를 받게 되면 기분이 언짢아지는 것은 어쩔 수 없지만, 공공의 안녕과 질서를 위해 스티커 발부의 필요성과 당위성을 부정하고 싶은 마음은 추호도 없다. 하지만, 경찰관들도 자신들의 실적부담감을 떨치지 못하고, 시민들이 자칫 부당하게 억울한 스티커를 받는 일이 없도록 스티커 발부 전에 좀 더 면밀히 상황판단을 해주었으면 하는 바람이다.

교통사고의 발생을 줄이려는 노력과 더불어 시민들이 억울하게 티켓을 받는 일도 함께 줄여나가는 노력이 병행되어야 할 것이다. 경찰관의 한 순간 판단미스에 의해 근거없이 발부되는 억울한 스티커의 심리적 형벌이 생각보다 크고 만만치 않음을 이번에 생생히 체험했기 때문이다. 앞으로는 스쿨존에서 더 이상 같은 실수를 반복하지 않도록 더욱 세심한 주의를 해야겠다. 아울러, 이참에 스쿨존 징크스란 불명예스런 딱지를 완전히 떼어버리게 생겼으니 세상에 공짜로 얻는 것은 아무것도 없다.

일상 탈출

　태평양 건너온 지 20년을 훌쩍 넘었지만 지난주에 처음으로 찜질방에 들러 모처럼 휴식을 만끽할 수 있었다. 시쳇말로 가는 곳마다 찜질방이 널려있는 우리나라에 산다면 이게 무슨 대수가 되겠냐만, 별것도 아닌 것들이 화제가 되곤 하는 것이 우리들의 이민생활이다. 역설적으로는 그만큼 생활이 단조롭고 밋밋하다는 반증이기도 할 것이다.
　어쩌다 온 세계가 부러워하는 이 나라에 와서 살게 되었으나, 아옹다옹 사느라 피곤할 적도 많겠지만 어머니 품 같은 대한민국은 세계 어디에도 없을 것이다. 허기진 향수를 채워주기엔 늘 턱없이 부족한 이곳 생활이다. 기껏해야 다들 고만고만한 교민식당에 들러 함께 식사를 하고 맥주 몇 잔 들이키는 것이 고작이다. 아직 대리운전문화가 정착되지 않아 마음껏 술도 들이키질 못한다.
　고달픈 외국생활로 심신이 찌든 교민들에게 아늑한 휴식을 주고 피로를 푸는 장소로 안성맞춤일 듯한 찜질방. 교민이라면 누구나 뜨끈뜨끈한 공중목욕탕에서 몸을 녹이며 피로를 풀었던 옛날의 향수가 남아 있을 터. 아직은 그런 호사를 누릴 형편이 못되는 것인지, 내가 사는 곳은 미국에서 네 번째로 큰 도시이지만 여태껏 그 흔한 찜질방 하나 없다. 교민인구가 그럭저럭 3만에 육박하니, 제대로 된 찜질방이 한두 군데쯤은 들어설 법도 하지만 여태 감감무소식이다. 수년 전에 교민 밀집지역에 소박한 찜질방 하나가 고개를 살짝 내밀었다가 얼마 지나지 않아 쥐도 새도 모르게 꼬리를 감추고 말았다. 아마도 빈약하고 허술한 시설로 교민들의 관심을 끌지 못한 탓으로 짐작된다.

얼마 전에 가까이 지내는 어느 지인으로부터 달라스의 찜질방에 같이 가자는 연락이 왔다. 몇 가족들이 부부동반해서 가는데 함께 가자는 것이었다. 교민수가 휴스턴보다는 월등히 많은 달라스에는 시설이 좋은 찜질방들이 있다는 얘기를 입소문으로 들어왔다. 언젠가 날 잡아서 가족들을 데리고 한 번 들러보리라 벼르고 있었던 참이었기에 흔쾌히 동의했다.

모처럼 벗어나보는 일상, 대도시를 벗어나 확 트인 대자연과 마주한 일행들은 모두 신이 난 듯했다. 대자연은 같은 자리에서 계절마다 옷을 바꿔 입고 철철이 인사를 해오지만, 도심의 바쁜 일상에 갇혀 살다보니 우리는 그 인사를 받지 못했다. 우리 스스로가 개구리들이 되어 우물 속에 스스로 갇혀 버린 것은 아닌지 하는 생각이 들곤 한다.

달라스 휴스턴을 이어주는 확 트인 45번 도로 위를 모처럼 쌩쌩 달리는 해방감과 일체감에 모두들 감탄사를 연발하며 얘기꽃 웃음꽃이 끊이질 않는다. 나에게는 매우 친숙한 대자연의 풍경이기도 하지만, 회사를 옮긴 후로는 통 마주할 기회가 없었다. 불과 10년 전만 해도 1년에 대여섯 번씩 이 길을 오고가며 정분을 쌓아오던 대자연이었다. 나와는 꽤 오랜만의 해후인 셈이다.

달라스에 도착하기 전에 간이 휴게소에 들렀다. 간단히 점심식사를 하기 위해 일행은 빙 둘러 앉았다. 각자 준비해 온 먹거리와 반찬들을 테이블 위에 올려놓자 즉석에서 각종 나물과 싱싱한 채소들이 즐비한 진수성찬이 마련되었다. 대자연의 품에서 시원한 공기를 마시면서 가까운 벗들과 함께 어울려 먹는 점심은 그야말로 꿀맛이었다. 일행 모두가 비슷한 생각을 한 듯 같은 얘기들이 입에서 흘러 나왔다. 모두들 마치 어린 시절 함께 야외로 소풍을 온 듯 즐거워했다.

점심을 마치고 서둘러 타고 온 8인승 밴에 탑승하여 두어 시간을 달리다보니, 어느새 달라스 도심의 멋진 고층빌딩들이 멀리서 우리를 먼저 반겨준다. 하늘을 향해 우후죽순처럼 솟아오른 고층유리빌딩들이 뜨거운 한낮의 햇살을 반사하여 눈이 부시다. 일행을 태운 차량은 금세 달라스 시내로 진입하였다. 찜질방으로 바로 가지 않고 잠시 여가를 내어 달라스의 관광명소인 '딜리 플라자'를 먼저 들러 보았다. 약 50년 전에 존 에프 케네디 대통령이 리 하비 오스왈드에 의해 암살된 장소로 유명해진 곳이다. 전 세계를 충격으로 몰아녔었던 그 비극적 현장이 오히려 관광명소가 되다니. 마치 비극적 역사가 빚어낸 아이러니를 보는 것 같아 기분이 묘해진다. 비극적인 아픔과 슬픔을 까맣게 잊은 것인지 아니면 모른 척 시치미를 떼고 있는 것인지 알 수 없으나, 광장에 포근히 내려앉는 화사한 햇살과 만발한 꽃들 그리고 오래된 건축물들이 서로 멋진 앙상블을 이루어 아름다운 오월의 정취를 한껏 드러내고 있다.

달라스 시내관광을 마치고 하이웨이를 몇 차례 옮겨 타며 네비게이터에 표시된 지점에 다다르니, 건물로 들어가는 진입로 양쪽에 장승처럼 우뚝 서 있는 커다란 기린조각상들이 우리 일행을 맞아준다. 진입로를 따라 안으로 조금 들어가니 대궐처럼 휜칠한 건물 하나가 시야에 들어온다. 우리가 오늘 밤을 새우며 휴식을 취하게 될 찜질방이란다.

다층 형 건물로 된 한국의 찜질방과는 달리 단층으로 된 매머드 건물 전체가 찜질방이란다. 이 건물의 실내로 들어서자 확 트인 찜질방의 시설과 규모에 입이 다물어지지 않는다. 안락한 조명시설과 넓은 휴게시설, 그리고 화려한 벽장식들이 마음을 사로잡는다. 다양한 방식으로 지어진 찜질실들이 한눈에 들어온다. 암염벽돌로 만들어진 이글루 형상의 찜질실, 고온 점토 찜질실, 참숯 찜질실에다 저온 한랭실과 수면실, 극장, 바, 이발소, 안마실, 식당 등의 편의시설들이 골고루 잘 갖추어져 있다.

목욕을 할 수 있는 욕탕에도 들러 보았다. 외국인들에게 대중목

욕실이 낯설 법했지만 의외로 많은 외국인 이용객들이 눈에 띄었다. 목욕을 마친 후에는 이 찜질방의 명물로 알려진 암염찜질실로 이동했다. 고혈압, 당뇨병, 심장질환이 있는 이들에게 효능이 탁월하다고 들었다. 텍사스에서 광범위하게 채굴되는 암염 원석들을 재료로 하여 만들어진 흔치않은 찜질실이다.

가만히 살펴보니 찜질실을 이용하는 세태와 풍속도들도 다양하다. 신문을 보는 이, 책을 가져와 읽는 이, 눈을 감고 명상을 하는 이, 이어폰을 귀에 꽂고 음악을 감상하는 이, 낮은 목소리로 담소를 나누는 이들도 보인다. 예로부터 찜질방이 이열치열로 건강을 다스려오던 우리 국민들만의 전유물인 줄 알고 있었는데 그게 아니었다. 외국인 손님들이 제법 많다. 어느새 인종, 언어, 피부빛깔을 초월해서 누구나 즐기는 글로벌 찜질문화로 정착되어가고 있는 것 같아 놀랍기도 하면서 한편으론 왠지 가슴이 뿌듯해지는 느낌이다.

이미 이곳에 단골이 된 외국인 이용객들은 이곳을 처음 찾은 우리보다 오히려 더 자연스럽고 편안하게 지내며 즐기는 모습이다. 모처럼만에 가까운 이웃들과 함께 다람쥐 쳇바퀴 도는 듯한 일상에서 벗어나 찜질방에서 충분한 휴식을 취하고 안식을 얻을 수 있어서 기뻤다. 아내도 기대했던 것보다 훨씬 좋았는지, 집으로 돌아오는 내내 입에서 미소가 떠나지 않았다. 가끔이나마 시도하는 이러한 일상탈출이 이민생활에 찌든 우리들의 삶에 새로운 기운을 불어 넣어줄 멋진 활력소가 될 것으로 믿는다.

고들빼기 예찬

　아내의 눈빛이 갑자기 아침햇살을 받은 이슬방울처럼 영롱하게 반짝인다. 이웃에 사는 외국 사람들의 눈에는 그저 번거롭고 성가시기만 한 한갓 잡초들에 지나지 않지만, 우리에게는 생명과도 같은 약초들이 집 주변에 지천으로 널려있음을 알게 되었기 때문이다. 과연, 오래전부터 귀한 약초로 상전 대접을 받아온 야생초들이 저마다 크고 작은 영토를 확보하고선 예쁘게 군락을 이루고 있었다.

　잠시 관심의 끈을 놓아버리면, 어느새 자신들의 영토를 넓혀 화초나 잔디들의 진영으로 침투해서 슬그머니 뿌리를 내리고 양분을 슬쩍 가로채니 눈엣가시 같은 존재들일 수밖에. 참다못한 집주인들이 강력한 제초제를 구입하는 날은 곧 이들의 제삿날이었다. 이 야생초들의 생명력이 워낙 뛰어나다보니, 우리들에게는 강력한 약효 때문에 박수를 받고 있지만, 외국인 업자들에게는 오히려 보다 강력한 제초제를 유발하는 계기가 되기도 한다. 이처럼 같은 대상과 현상을 두고도 입장의 차이에 따라 생각과 태도가 극과 극의 차이를 보이는 것이 이채롭다.

달래, 냉이, 씀바귀, 고들빼기, 엉겅퀴, 질경이, 민들레…. 대단한 생명력으로 자기들만의 영토를 장악하는 능력도 매우 탁월한 야생초들이다. 우리에겐 모두 익숙한 봄나물로서 또는 효능이 뛰어난 약초로서 귀한 대접을 받아 왔지만, 한편으로는 언제 살포될지 모르는 제초제의 위협에 늘 마음 졸여야 하는 불안한 존재들이기도 하다. 그럼에도 사람들의 왕래가 잦은 곳에서도 과감히 뿌리를 내리던 친구들이었다. 이른 봄에 야생지에서 널리 자라 자칫 떨어지기 쉬운 우리 조상들의 입맛과 원기를 지켜주었던 고마운 초목들이기도 하다.

이들이 지닌 효능들은 정말 다양하여 일일이 다 열거하기 힘들 정도이다. 만병통치약이라 불려도 전혀 이상하지 않을만큼 광범위한 효능들이 널리 알려져 있다. 당장 생각나는 것만 대충 열거해 보아도 이렇다. 식욕부진, 건위, 강장, 강정, 항암, 항종양, 위염, 폐렴, 간염, 축농증, 불면증, 혈액순환, 고혈압, 지혈, 종양 등 등…. 이외에도 이루 헤아릴 수 없는 증상들에 대한 약초로서의 효능들이 알려져 있으니, 과연 세상에 최고의 자연산 약재라 해도 과언이 아닐 듯하다. 이런 귀한 야생초들이 집주변에 지천으로 늘렸으니 감격하지 않을 수 없는 것이다. 일부러 씨를 뿌리지 않아도 스스로 알아서 뿌리를 내리고 자라고 있으니 복덩어리가 제 발로 굴러 들어온 격이다.

 이들의 탁월한 효능들을 전혀 알지 못하던 재작년까지만 해도 아내는 이들을 몹쓸 잡초로 간주하여 이른 봄부터 아주 철저히 솎아내었다. 뒤늦게 이들의 약효성을 알아차린 후에는 이전에 내버렸던 야생초들이 생각나서 원통해 했지만 더 이상 되돌릴 수 없는 일이었다. 하지만 작년부터는 이들을 신주단지처럼 귀하게 여기며 극진히 돌보기 시작했다. 미운 오리새끼가 한 순간에 백조로 둔갑하는 극적인 상황이 전개된 셈이었다.

 아내가 이들을 아주 특별한 애정을 갖고 대하게 된 경위가 또 있다. 아내는 10년이 넘도록 위장기능의 저하로 남모를 고통을 겪어 왔었다. 짜고 매운 자극적인 음식이나 지방분의 함유량이 높은 음식들은 입에 댈 수도 없을 뿐만 아니라, 방부제가 들어 있는 가공식품이나 우유를 섭취하고 나면 금세 배탈이 날 정도였다. 심지어 밥도 입에 댈 수 없어 한때는 생쌀을 밤새껏 불려서 먹거나 죽으로 끼니를 때워야 했다. 그래서 소화기능을 강화시키는데 용하다는 양배추/알로에 즙을 우려내어 상복했을 뿐만 아니라 여러 한약과 양약들을 두루 복용해 보았지만 별무신통이었다.

 이토록 절박한 상황에서 고들빼기의 효능에 대해 알게 되었다. 그런데 경이롭게도 그 고들빼기가 우리 집 주변에 지천으로 늘려 있었으니 그 감격은 이루 말로 형언키 어려웠을 것이다. 이즈음해서 마침 한국에서 온 둘째 시누이가 우리 집을 방문했다. 평소 봄나물에 일가견이 있던 시누이가 그 효능에 대하여 일장연설을 하면서 감별요령도 함께 일러주었다.

쇠뿔은 단김에 빼라고 했던가. 이렇게 하여 시누이와 올케는 지체없이 고들빼기 수확작업에 돌입했다. 둘은 함께 쪼그리고 앉아서 봄나물 캐는 재미에 도끼자루 썩는 줄도 몰랐다. 신선놀음이 따로 없었다. 마치 물고기가 물을 만난 형국이었다. 한 나절 동안 수확한 고들빼기들은 즉시로 손질이 되어 국과 김치 또는 무침이 되어 식탁으로 올라왔다. 둘이서 함께 꼬박 이틀 동안 부지런히 수확하자, 그 많던 나물들이 집 주변에서 거의 자취를 감추었다. 아마도 고들빼기들의 눈에는 두 한국 아녀자들이 저승사자보다 더 무서운 존재였을지도 모르겠다.

알고 보니 집주위에는 고들빼기만 있는 것이 아니었다. 다양한 야생초들이 군락을 이루고 있음을 알게 되었다. 그야말로 '약초 천국'이었다. 그러나 하필이면 봄나물의 대가(?)들이 사는 우리 집 주변에 터를 잡는 바람에 미처 꽃을 피우기도 전에 뿌리째로 뽑혀 단명의 최후를 맞이할 수밖에 없는 운명이었으니 어찌 보면 참으로 안됐다는 생각도 든다. 하필이면 넓디넓은 초원들을 제쳐놓고 우리 집 마당을 찾아 왔으니 번지수를 너무 잘못 짚은 셈이다.

덕분에 짭짤한 소금기를 머금고 고춧가루를 온몸에 뒤집어 쓴 고들빼기김치가 한동안 끊이지 않고 우리의 식탁 위에 오르며 식단을 풍성하게 만들어 주었다. 어릴 적에 어머니께서 담궈주시던 맛이 고스란히 묻어나는 고들빼기김치를 만리타국의 식탁에서 재회하게 되었으니 그 감회가 새로웠다. 이것의 효능을 익히 알게 된 우리는 그것으로 열심히 김치를 담고 국을 끓여 먹었다. 그 결과 위장기능의 저하로 오랫동안 고통을 겪어왔던 아내의 위는 거의 정상으로 되돌아왔다.

그 어떤 명약이나 비방으로도 치료가 되지 않았던 아내의 위가 깨끗이 치료되었으니 그저 놀랍고 고마울 따름이다. 부르지도 않았는데 제 발로 찾아와 주인의 위를 정상으로 부활시켜주었으니 세상에 이보다 더 고마운 일이 어디 있을까. 고들빼기에게 진심으로 감사하지 않을 수 없다. 우리가 세상을 살아가다가 마주하게 되는 수많은 고통과 고민들의 해결책들은 아주 멀리 있는 것이 아니라 바로 자기 자신의 주변에 있을지 모른다는 생각이 들었다.

한 마음 큰 잔치

'한 마음 큰 잔치'

이 지역에 사는 우리 동포들에게는 잘 알려진 행사이다. 한인천주교회가 일 년에 한 번씩 교민들에게 문을 활짝 열어젖히고, 이 국땅에서 살아가는 교민들의 시름과 향수를 잠시나마 달래주고자 개최하는 축제다. 한동안 만나지 못한 교민들끼리 서로 함께 인정을 나누고 느끼는 날이다. 잔치는 가을의 정취가 물씬 풍기는 10월말이나 11월초에 한인천주교회에서 열리며, 해를 거듭할수록 알차고 다채로운 행사들과 고향의 손맛을 느끼게 해주는 풍성한 우리의 전통 먹거리들이 즐비하게 장만되어 잔치마당이 펼쳐진다.

마치 한국의 재래시장에 와있는 듯한 정취와 느낌이 그대로 되살아나는 훈훈한 교민들의 잔치다. 팍팍한 삶에 오랫동안 잊고 지냈던 시골인심을 모처럼 다시 느껴볼 수 있어 많은 교민들이 찾는다. 코흘리개 어린이부터 팔순 노인에 이르기까지 남녀노소가 모처럼 한자리에 모인 장터에는 아침부터 사람들로 북적거리며 인산

인해를 이룬다. 소문을 듣고 찾아온 다른 커뮤니티의 외국인 내방객들도 부쩍 많아지고 있다.

서양성당이 바자회를 개최할 때, 한 모퉁이를 빌려 시작했던 것이 도화선이 되었단다. 그동안 발전에 발전을 거듭하면서 이젠 성당의 범위를 넘어서 교민잔치가 되면서 교민화합을 위한 견인차역할을 톡톡히 하고 있다. 일일행사로 마련된 수익금들은 선교활동단체에 전액 기부된다니 그 취지도 박수를 받을 일이다.

낯선 나라에 와서 뿌리를 내리고 정착하는 일이 점점 어려워지는 만큼 대부분의 교민들은 옆돌아 볼 틈도 없이 참으로 열심히 살아간다. 그러다보니, 자칫 삶의 여유를 잃어버리기 쉬워 이웃들과 마음 깊이 인정을 나누며 살기란 여간 힘든 일이 아니다. 사람들의 정이 그립기 짝이 없지만 점점 팍팍해지고 메말라가는 세상인심이다 보니 마음껏 속내를 터놓고 대화를 나눌 수 있는 이들도 많지 않다. 이러한 때 한 마음 큰 잔치와 같은 뜻 깊은 교민행사가 열려 소원해진 이웃들과의 관계를 회복하고 시골장터의 훈훈한 정을 한껏 나누면서 모처럼 회포를 풀 수 있으니 얼마나 다행인가.

뒷마당 장터에 들어서니, 각 구역별로 다채롭게 준비한 전통음식들의 맛있는 냄새들이 한껏 식욕을 자극한다. 평소 차분했던 동포들도 이날만큼은 마음이 들뜬 표정들이다. 각박한 이민생활로 찌든 일상의 때를 잠시나마 씻어내고, 그동안 잃어버렸던 웃음을 되찾아 마음껏 즐기고 회포를 풀 수 있는 자리다. 임시로 가설된

각 매점에서는 다양한 먹거리들을 마련해서 내방객들의 방문을 기다리고 있다. 각 부스별로 내건 재미있는 슬로건들도 눈길을 끈다.

'붕어빵에는 붕어가 없습니다'라는 슬로건을 걸고 연신 붕어빵을 구워내는 코너가 있나 하면 '둘이 먹다가 하나 죽어도 모릅니다'라는 재미있는 슬로건을 내걸고 미각을 자극하는 부침개 코너도 있다.

삐끼를 내세워 호객행위도 마다 않는 매점들이 있나 하면, 알록달록한 색깔을 입힌 팥빙수를 파는 코너도 있고, 우리의 전통 막걸리와 먹음직한 빈대떡을 파는 코너도 있다. 한쪽에서는 향수를 자극하는 호떡을 팔고, 다른 매점에서는 어묵, 떡볶이, 만두와 튀김을 팔기도 한다. 포장마차 분위기가 물씬 풍겨나는 매점도 있다.

오래 성당을 다니신 분들은 구역별로 지정받은 음식들을 매년 반복적으로 해 오신 탓에 그 맛과 솜씨들이 전문가들에 못지않다. 나는 지난 몇 년 동안 붕어빵을 만드는 팀에서 봉사했다가 얼마 전에 이사를 간 탓에 구역이 바뀌어 팔자에 없는 찐빵을 파는 일을 맡았다. 구역 식구들과 함께 앞치마를 두르고 구슬땀을 흘리며 열심히 빵을 찌고, 따끈하게 김이 나는 찐빵을 먹음직하게 좌판에 올린다. 아직 솜씨는 서툴고 어눌하지만 전신에 묻어있는 밀가루와 반죽들이 정겨워 서로 마주보며 웃는다.

이따금 장터 여기저기를 누비며 흥을 한껏 북돋우는 농악단의 춤사위도 흥겹고, 성가대 단원들도 오늘만은 찬송가 대신 일반 대중가요들을 불러준다. 한 쪽 무대에서는 외국인 마술사와 아름답고 늘씬한 미녀들의 매직쇼가 펼쳐지고 있다. 마술사와 미녀가 함께 펼치는 기상천외의 마술들을 애 어른 할 것 없이 넋을 놓고 바라보고 있다. 마술시범이 끝이 나자, 이번에는 한국왕복비행기 티켓을 놓고 벌이는 경품권 추첨행사가 열리고, 무대 위에서는 아마추어 교민가수들의 노래솜씨를 겨루기 위한 열띤 가요경연이 펼쳐질 예정이다. 경연에 앞서 특별코너에 초대된 신부님이 먼저 모 가수의 「피리 부는 사나이」를 열창하자 모두들 큰 박수로 환호한다. 앵콜을 받자, 이번에는 「오동잎」이란 노래를 아주 맛깔스레 뽑으시더니 흐뭇한 표정으로 마이크를 사회자에게 넘겨준다.

객석에서는 오랜만에 만나는 교민들이 삼삼오오 정겹게 둘러앉아서 누가 먼저랄 것도 없이 사는 얘기며, 사업얘기, 고국 소식과 최근의 정치 이슈들에 대해서 서로의 생각들을 주고받는다. 한쪽에서는 걸쭉한 입담들이 오고가는지 연신 한바탕 신나게 웃는 소리들이 들려온다.

엄마아빠와 동행하는 것을 그리 달가워하지 않던 우리 아이들도 오늘 행사에는 주저없이 따라 나섰다. 오늘 같은 날, 속에 꽉 차 있던 응어리들을 이렇게라도 한 번씩 확 풀어내는 맛도 없으면 반복되는 일상으로 단조롭고 지루한 타향살이를 어떻게 헤쳐나갈 수 있겠는가. 한 마음 장터 덕분에 모처럼 즐거운 하루였다.

위험한 손님

　아파트에 살다가 뒷마당이 있는 주택으로 이사를 오게 되자, 아내는 뒷마당 가꾸기에 몰입하기 시작했다. 신규주택으로 이사를 오다보니, 앞마당은 촘촘히 잔디가 깔려 있고 관상수들도 알맞게 자리를 잡고 있어 당장 손볼 일이 없었다. 하지만 뒷마당은 전혀 조경이 되어있지 않아 고스란히 입주자들의 몫으로만 남겨져 있었다. 서글픔이 느껴질 만큼 엉망이라 어디서부터 손을 써야할지 엄두도 나지 않았지만, 새집으로 막 이사한 기쁨에 우리는 아내가 나름대로 고심해서 짠 조경계획에 따라 하나씩 실행에 옮기기 시작했다.
　여기저기서 마음대로 자라고 있던 잡초들을 제거하고, 마구 흩어져 있던 잡석들을 골라 한 자리에 모아두었다. 잔디 씨를 사다가 뿌리고, 바닥엔 보도블록을 깔았다. 벽을 따라 텃밭을 만들기 위해 땅을 일구고 화단석을 세워 경계를 만들었다. 군데군데 관상수들을 사다가 심고, 텃밭에는 각종 채소류들의 씨앗을 사다 뿌렸다. 필요할 때마다 도우기는 했으나, 대부분의 화단작업은 아내가 주도하였다.

몇 개월이 지나자 모래를 뿌린 땅위에 잔디들이 뿌리를 내리더니 완전히 파랗게 덮었고, 밤낮으로 물을 듬뿍 공급받은 관상수들도 신이 난 듯 빠르게 키를 키웠다. 텃밭에서는 다양한 채소들이 빠르게 자라며 생기를 더해갔고, 벽마다 촘촘히 만들어준 넝쿨지지망을 타고 오른 오이와 가지, 그리고 포도덩굴들이 어우러져 제법 운치 있는 정원의 자태를 보여주기 시작했다.

아내의 지극한 정성으로 해가 지날수록 더욱 아기자기하게 꾸며져, 지금은 제법 분위기 있는 정원으로 탈바꿈하게 되었다. 이런 정원의 한켠에 어느 날부터 낯선 식물 한 그루가 자라기 시작했다. 새싹이 살짝 고개를 내밀더니, 아주 빠른 속도로 컸다. 놀라울 정도의 성장속도를 보이더니 한 달 만에 본줄기가 제법 굵어지고 양쪽으로 가지런히 배치된 잎들도 하루가 다르게 자라 몸집을 불리고 있었다. 건강하게 커가는 모습이 기특했던지, 아내는 아침저녁으로 정성을 다해 물을 주며 낯선 나무의 빠른 성장을 열심히 도왔다.

빨간 줄기에 가지런히 달려있는 잎사귀가 아무리 봐도 낯설다. 그럭저럭 시간이 흐르고 보니 가지마다 열매들이 제법 탐스럽게 주렁주렁 열리기 시작했다. 연두빛깔을 띠던 열매들이 이내 불그스레한 빛깔로 바뀌더니, 마지막엔 새까만 포도빛깔로 익어갔다.

마치 이제 수확해도 좋다고 전갈이라도 보내는 듯, 아주 농익을 대로 익어가고 있었다. 비록 한 그루에 불과한 나무였지만, 가지마다 탐스런 열매들이 주렁주렁 달려 제법 많은 양의 수확이 가능할 듯 보였다. 밤낮으로 물을 주며 정성들여 키운 보람이 있다며 아내는 내심 기뻐하고 있었다. 며칠을 이런저런 궁리를 하더니, 열매들을 수확해서 과일주를 담가야겠다는 결심을 한 모양이었다. 미각을 한껏 자극하는 달콤한 과실 향과 맛을 미리 짐작해보며, 마치 어린아이마냥 꿈에 부풀어 있었다. 새까만 열매에서 우러나온 즙과 설탕이 한데 어우러져 곰삭고 숙성되었을 때, 빚어질 술의 빛깔과 향을 떠올려보니 아무래도 신이 나는 모양이다.

모든 재료준비를 마치고, 다음 날이면 술을 담글 요량으로 나를 찾아온 아내는 이 나무에 대해 궁금하니 어떤 종자이며 그 명칭은 무엇인지 함께 좀 알아보자고 했다. 이 열매로 술을 담근 다른 사람들이 있다면, 그들은 어떻게 술을 담갔는지? 인터넷으로 한 번 검색을 해봤으면 했다. 평소 나도 이 나무에 대해 궁금하고 신기해 하던 터라 아내의 제안에 선뜻 동의를 하고 함께 인터넷 검색에 돌입했다. 하지만 아무런 정보도 없이 막연히 이 낯선 식물의 정체를 알아내자니, 높은 장벽으로 둘러싸인 개구리마냥 답답하기 짝이 없었다. 이름도 성도 모르는 이 나무의 정체를 거대한 정보의 바다에서 무슨 수로 찾아낸단 말인가. 식물학자도 아닌 우리가 세상의 하고 많은 식물들 가운데 이 나무의 종류를 도대체 어떻게 알아낼 수 있단 말인가. 식물 분류를 체계적으로 학습한 바도 없고, 아는 식물 이름도 몇 개 되지 않는 나에겐 결코 간단치 않은 일이었다. 마치 해변의 모래사장에서 바늘 찾는 격이나 마찬가지라고 해야할까.

인터넷에 뜨는 여러 식물도감들을 펼쳐놓고 잎과 잎맥의 생김새, 배열, 줄기 모양과 빛깔, 키, 개화시기, 분포 등 나름대로 이런 저런 잣대를 적용하며 요모조모를 관찰하거나 대조하여 보았지만 차츰 무모한 시도라는 생각이 들어, 급기야는 백기를 들고 말았다. 결과를 거머쥘 수 없어 매우 허탈해하고 있는데, 번뜩이는 아이디어 하나가 뇌리를 스쳐갔다. 생김새가 일단 버찌(berry)류와 비슷한 만큼, 구글에다 'berry'란 검색어를 입력하고 이미지로 검색을 해보면 가능할 수도 있겠다는 생각이 떠올랐다.

일말의 기대감을 갖고 구글에서 'berry plant'란 검색어를 넣었더니 과연 수백 가지의 사진들이 화면 위에 나타났다. 사진 한 장 한 장을 찬찬히 훑어가며 살펴보았으나, 기대하던 이미지는 고사하고 비슷해 보이는 그림조차 보이지 않았다. 거의 포기하기 직전에 비슷한 열매가 있는 작은 이미지사진 하나가 우리의 시야에 들어왔다. 얼른 사진으로 확대하여 자세히 살펴보니 같은 종자임이 분명하였다. 보다 확실히 검증하기 위하여, 실제 열매와 잎을 채집해서 다양한 모양과 특성들을 차례로 비교하면서 웹상에 묘사되어 있는 특징들도 꼼꼼히 읽어 보았다. 모든 정황들이 완벽하게 일치했다. 일말의 의심도 없는 같은 종자였다. 이리하여, 이 식물에 관한 일말의 전모와 정체들이 속속 드러나게 되었다.

예시문에 소개된 학명을 보니 *Phytolacca americana*이었다. 일반적으로는 'poke berry' 또는 'poke weed'라는 이름으로 불린다고 했다. 내용을 한 줄 한 줄 읽어가다 보니, 이 나무에 열린 열매는 절대로 맛을 보지 말라는 경고표시와 이 열매의 유혹을 못 이기고 따먹었다가 그 강렬한 독성 때문에 죽은 이들이 제법 된다고 씌어져 있다. 특히 어린 애들이 먹었을 때에는 치명적이라 치사율이 높다고 설명되어 있다.

이 열매를 삼켰을 때 우리 몸에 나타나는 증상들을 읽어 보니 섬뜩하다. 위경련, 구토, 호흡장애, 전신마비 등의 증세가 나타나며 경우에 따라서는 사망에 이를 수도 있다는 무시무시한 경고문이 눈에 띄었다. 조류들에겐 괜찮으나 포유류에겐 아주 치명적이란다. 미국 동부에 많이 자생하며 더러는 6피트에서 10피트까지 자라기도 한단다. 오레곤주 같은 곳에선 이 치명적 잡풀이 거주지나 주변에서 발견되면 해당기관에 신고해서 전문가들에 의해서만 제거할 수 있게끔 하고 있다고 한다.

이 식물에 관해 알면 알수록 더욱 섬뜩한 느낌이 든다. 무시무시한 독성을 속내에 몰래 감추고 마치 첩자처럼 우리 집 뒤뜰에 침투한 녀석을 아주 칙사 대접을 하며 극진히 공을 들였던 아내는 기가 차고 말문이 막히는 모양이다. 원래 계획했던 것처럼 정말

술이라도 빚어서 둘이 함께 마셨더라면 어찌 되었을까 상상을 하다 보니 너무도 아찔하고 기가 막혀 가슴이 벌렁거리며 도무지 진정이 되질 않는다. 인터넷 검색을 통해 알아낼 수 있었기에 망정이지, 결국 이 식물의 정체에 대해 끝내 알지 못하고 처음의 계획대로 무턱대고 술을 담갔다면 우리는 그 과실주를 함께 마시고 저승을 헤매고 있을지도 모른다.

지극정성의 보살핌에 보답이라도 하는 듯, 녀석은 날마다 무럭무럭 자라며 달콤해 보이는 열매들을 주렁주렁 달고 순진한 안주인의 눈과 마음을 한껏 유혹하고 있었던 셈이다. 이런 음흉한 음모를 감추고 있는 열매를 따서 과실주를 빚을 생각에 행복해 하고 있었으니 지금 생각하면 참으로 어이가 없다.

이 나무의 정체와 특성을 소상히 이해를 하였으니, 더 이상 이 친구를 우리의 뒷마당에 방치해 둘 수는 없었다. 다음 날 곧 바로 녀석의 제거 작업에 돌입했다. 열매가 땅에 떨어지지 않도록 열매가 달린 가지들을 먼저 전지한 다음 큰 쓰레기 비닐봉지 속에 차곡차곡 담았다. 열매가 달렸던 가지들을 모두 자른 다음, 혹시라도 잔뿌리가 땅속에 남아 있지 않도록 신경을 쓰며 아주 완전히 제거하였다.

우리 뒷마당에 우연히 찾아든 poke berry 때문에 하마터면 염라대왕에게 불려 갈 뻔했던 해프닝은 이렇게 막을 내리게 되었다. 살다보면 자칫 조그만 부주의로 낭패를 보는 경우가 의외로 많은 것 같다. 일상화되고 습관화된 삶에 경계가 무디어지거나 타성에 젖다보면, 악마의 유혹이나 뜻하지 않은 일들이 그 방심의 틈바구니를 노리고 있다가 비수를 들이대는 일이 적지 않다. 무심하게 지나치거나 대하기가 쉬운 것이 흔히 반복되는 우리들의 일상이다. 뜻하지 않게 일을 그르치거나 낭패를 보는 일은 없도록, 평소 주변을 꼼꼼히 살펴야겠다는 생각을 해본다. 스스로 새로운 긴장감을 불어넣으며 한 번씩 매무새를 고치고 삶의 자세도 재무장하는 일이 필요할 성싶다.

어머니와 오늘의 운세

어머니께서 나에게 세상구경을 시켜주신 것은 당신의 춘추가 만 30이 되던 이른 봄이었다. 현재의 우리 나이로 여든 후반인 당신이지만, 난 지금도 늘 멀리서 살면서 잊을만하면 가끔 한 번씩 전화밖에 드리지 못하는 불효를 벌써 20여 년째 저지르고 있다.

곧 다녀오겠다며 인사를 드린 것이 20여 년을 훌쩍 넘겼는데, 아직도 그 약속을 지키지 못하고 너무도 멀리서 이따금 전화로만 목소리를 전하고 있으니, 세상에 이런 불효자식이 또 있을까. 이러한 나의 불효에도 불구하고 전화를 걸 때마다 언제나 밝은 음성으로 반갑게 맞아 주시는 어머님이 늘 고맙지만, 내 마음 한켠은 큼지막한 큰 납덩어리를 품고 있는 것 마냥 무겁기만 하다.

엊그제 밤엔 얼마 만에 어머니와 통화를 했다. 한동안 눈코 뜰 새 없이 바쁘게 지내다가 얼마간 주어진 여유시간을 활용하여 부리나케 전화를 드렸다. 어머니께서는 아주 젊은 시절부터 신문을 탐독하시는 것이 큰 취미이셨다. 이젠 당신의 삶에 얹힌 고단한 세월의 무게를 이겨내지 못하시고, 신문의 큰 제목들만 읽고 만다고 말씀하시지만, 불과 10년 전까지만 해도, 신문의 정치면, 사회면, 문화면과 전문가의 칼럼과 사설에다 연재소설까지 빼놓지 않고 두루두루 섭렵하시던 왕성한 애독자이셨다. 요즈음은 시력이 흐려지고 기력이 많이 떨어져서 예전처럼 그렇게 할 수 없다고 넋두리를 곧장 풀어 놓곤 하신다.

김영삼 대통령이 정권을 잡고 있던 문민정부 시절만 해도, 어머니와 통화할 때면, 정치, 문화, 사회 등 다양한 현안을 놓고 이야기를 나누곤 했다. 당시, 당면한 현안들에 대한 어머니의 폭넓고 탁월한 식견과 다양한 상식에 내심 놀랐던 적이 한두 번이 아니었다. 그러나 이제 더 이상 그때처럼 여러 현안들에 대한 깊은 대화를 나눌 수 없어 안타까움이 작지 않다. 여러 노인대학을 두루 다니시더니, 80중반의 고령으로 노인대학원까지 마치셨기에, 지금은 청강생이 되어 시간이 허락되면 30분 이상 걸리는 노인대학을 운동 삼아 걸어서 다녀오시곤 한다.

평생토록 배움에 대한 식지 않는 열정과 노력 탓인지, 여태껏 치매증상을 보이시지 않음은 물론, 오히려 젊은 시절부터 요즈음에 이르기까지 당신께서 살아오신 삶의 과정과 행적들을 비롯하여 갖가지 집안 대소사들을 여전히 또렷이 기억하고 계심에, 마음속으로 놀라워했던 적이 한두 번이 아니다.

고령임에도 불구하고 여전히 신문을 열심히 읽으시는 것은 물론,

불편한 다리와 노구를 이끌고도 노인대학과 성당을 부지런히 다니시면서 끊임없이 당신 자신을 스스로 잘 관리하며 돌보고 계시다고 생각하면 그저 고맙고 감사할 따름이다. 그런 어머니의 요즈음 관심사는 '오늘의 운세'이다. 당신께서 신문을 펼치시면 가장 먼저 읽으시는 것이 오늘의 운세란인데, 알고 보니 그저 재미로만 읽으시는 것이 아니다. 남편, 형제, 자식, 며느리, 사위, 손주들과 손주며느리들의 생년월일들을 줄줄 꿰고 계시기 때문에, 각자의 생년월일과 오늘의 운세를 하나하나 짚어가며 견주어서 늘 읽으신다.

집안 식구 모두의 오늘 운세가 어떠한지 날마다 세심하게 살피시는 것이다. 그런데, 대화를 해보면 그날그날의 운세만 알고 계시는 것이 아니라, 운세의 맥을 짚으며 흐름을 나름대로 파악하고 계시기 때문에 최근의 운세 동향과 지난 세월 각자의 운세가 어떤 경로를 밟아 왔는지 말씀하시곤 한다. 모두의 최근 운세 동향들을 파악하고 계시다가 자식들이 전화를 드리면 당신이 그동안 파악하고 계셨던 운세들을 소상히 들려주신다. 그동안 참작하고 계셨던 나와 관련된 내용들을 당신의 기억 속에 꼼꼼히 점지해 두셨다가 하나하나 다시 꺼집어내어 말씀을 건네주시는 것은 물론, 운세에 따른 처세 방법과 요령에 대해서도 하나씩 일러 주신다.

오늘의 운세란을 가볍게 대하는 대부분의 독자들과는 달리, 어머니께서는 그 내용을 각자에게 앞으로 펼쳐질 운명의 가늠자인 것처럼 정말 진지하게 받아들이신다. 내가 어쩌다 부담없이 가볍게 읽으시는 것이 좋겠다는 의사를 피력하면, 어머니 생각은 그렇지 않다고 단호히 말씀하신다. 그저, 대충 올려놓는 운세가 아니라, 그 방면의 전문가가 우주의 운행원리와 역학을 바탕으로 신중하게 채택하여 건네주는 내용이기 때문에 절대 그렇지 않다며 오히려 이를 가볍게 대하지 말라며 나를 나무라시기도 한다. 어머니께서 읽으시는 '오늘의 운세' 담당자는 자신이 올려놓은 내용을, 고령임에도 불구하고 이렇게 진지하게, 단 하루도 빠짐없이, 세심히 읽고 경청하며, 받들고 신봉하는 독자가 있음을 알면 아마도 가슴 뿌듯해 하지 않을까 싶다.

비싼 통화요금을 물면서 국제전화를 할 때도 어머니의 운세 설명을 듣다보면, 귀한 통화시간의 절반 이상이 훌쩍 흘러가버리는 경우가 태반이다. 당신께서 워낙 진지하게 말씀하시기 때문에 비싼 요금을 탓하며 중단할 수도 없는 노릇이라, 이왕이면 열심히 경청하려고 한다.

비싼 국제전화요금이지만 전혀 아까운 느낌이 들지 않는 것은, 어머니의 품속에 오래 곰삭혀 두셨다가 끄집어낸 따뜻한 모성애의 발현이라는 생각이 들기 때문이다. 자식사랑을 위한 당신 나름대로의 표현방식이면서 이를 통해 당신의 존재감을 느끼며 잠시나마 즐거우실 수 있겠다는 생각도 든다. 팔십 후반의 연세임에도 기억창고가 녹슬지 않도록 잘 관리하셔서, 여태껏 보석 같은 사랑을 나누어 주시는구나 하는 생각이 찾아들면 나도 몰래 눈시울이 젖곤 한다.

  얼마나 더 이 세상을 사시면서 그런 말씀을 자식들에게 들려주실 수 있을는지. 앞으로 얼마나 어머니의 가슴 따뜻한 사랑을 더 받을 수 있을는지. 전화선을 타고 들려오는 오늘의 운세에 관한 어머니의 이야기를 더 이상 들을 수 없다면 얼마나 허전할까하고 생각하면 가슴이 먹먹해지는 것 같다.

  이제 얼마 남지 않은 생의 끝자락을 부여잡고서도 자식사랑을 부단히 실천하고 계시는 어머니를 생각하면 그저 고맙고 안타까운 마음뿐이다. 부디 앞으로도 '오늘의 운세' 꼬박꼬박 챙겨 보시고, 샘물 같은 당신의 고귀한 사랑 오래오래 나누어주십사 하고 간절한 염원을 담아본다. 통화시마다 오늘의 운세를 통해 나누어주시는 당신의 사랑이 눈물겹도록 고맙고 감사하게 느껴진다. 요즈음 창궐하는 독감 조심하시고, 부디 오래오래 무병장수하시길 두 손 모아 기도드린다.

고향의 맛

 퇴근하여 아파트 문을 열고 들어서자 구수한 음식 냄새가 식구들보다 먼저 반겨준다. 식탁을 둘러보지 않아도 오늘저녁 메뉴가 무엇인지 금방 짐작할 수 있는 향수를 자극하는 익숙한 고향의 냄새다. 출출한 배를 채우고자 서둘러 옷을 갈아입고 식탁으로 간다. 돌이켜보니 이역만리를 떠도는 나그네 생활도 어느새 강산이 두 번 바뀔 만큼 훌쩍 지나갔다. 풍물이 전혀 다른 남의 나라에 뿌리를 내리고 살다 보니, 식구들이 먹는 음식과 식단의 풍경도 어쩔 수 없이 많은 변화를 겪어 왔다.

 외국생활을 막 시작하던 당시만 해도 거의 동양식이던 우리 집 식탁이 세월이 점점 흘러가면서 동서양으로 팽팽한 힘겨루기를 하는가 싶더니, 어느 틈엔가 저울추는 빵, 소시지, 버터, 치즈, 샌드위치, 피자, 샐러드, 스테이크가 우세한 서양식으로 기울어지고 말았다. 동서양의 불균형이 점점 심화되더니, 이젠 아예 저울추를 도저히 되돌려 놓을 수 없을 만큼 가파른 경사각이 만들어지고 말았다. 점령군이 토착세력을 몰아내고 세도가 등등한 주인행세를 하는 것이 요즈음의 우리 식단의 풍경이다.

시리얼, 우유, 팬케이크, 바나나에게 아침식탁의 자리를 양보한 것은 이미 오래전의 일이며, 점심 도시락도 치즈와 햄, 토마토를 넣은 샌드위치에게 왕좌의 자리를 넘겼다. 간편함이란 무기를 앞세워 현지에 적응하고픈 눈물겨운 도전장에 밀렸다고 할까. 하나둘, 소리 없이 사라지는 향토음식의 처지를 보면서 왠지 내가 나에게서 멀어지는 듯한 착잡한 느낌을 지울 수가 없다.

음식은 곧 사람의 정서를 대변한다. 우리 민족의 상징인 고유의 음식들이 현지의 서양식에 밀려 그 위상과 입지가 점점 좁아지는 서글픈 상황에서, 다행히 식탁에서 내몰리지 않고 당당하게 제자리를 지켜주는 친구가 하나 있어 고맙다. 바로 오늘 퇴근하는 나를 에워싸고 후각을 자극하여 식욕을 유혹하는 구수한 쇠고깃국이다. 짐짓 생각하기에는, 김치나 된장국이 그 선봉장에 있을 법한데, 실제로는 이 친구가 홀로 고군분투하여 우리 집 식탁을 지켜주니 그나마 위안이 된다고 할까.

하고많은 우리의 전통음식들을 밀어내고 하필이면 쇠고깃국이냐, 그 사연이 약간은 궁금해 하실 분도 있겠다. 어린 아기 때 부모와 함께 태평양을 건너와 이미 북미문화에 동화된 우리 아이들이다. 밥과 된장보다는 빵과 치즈를 더 좋아하는 건 어쩔 수 없다 하더라도, 쇠고깃국이 등장하면 빵과 치즈 대신 이를 즐겨먹으니 기특하고 신기한 일이다.

　가족들이 잘 먹는데다 육류가격도 저렴하겠다. 게다가 소화, 영양, 맛 모두 만점이니 아내는 쇠고깃국 자랑이 대단하다. 덕분에 나는 어린 날 먹었던 어머니의 손맛을 음미한다. 허기진 배도 채우고, 허기진 향수도 달래고, 고향을 먹고 추억도 먹는다. 그때는 명절이나 가족들의 생일, 특별한 날에나 먹었으니 쇠고깃국의 추억은 언제나 포근하고 정겹다.

　어머니가 끓여주신 쇠고깃국은 하얀 무를 대충대충 썰어 넣고, 머리를 따낸 콩나물에 대파를 큼직하게 썰고, 매콤한 풋고추와 토종 마늘을 듬뿍 넣었다. 구수하고 얼큰한 국물은 낙엽이 후드득 지는 쓸쓸한 가을이 제격이다. 하얀 햅쌀밥에 뚝배기가 철철 넘치도록 퍼주는 국을 말아 싱싱한 푸성귀 겉절이 척척 걸쳐 먹으면 둘이 먹다 하나 돌아가셔도 모른다. 그 국물 맛에 우리는 한국인의 힘과 끈기를 길렀고, 영원한 어머니의 사랑을 먹었던 귀한 음식이라는 생각이 든다.

　오늘도 아내는 쇠고기 국밥을 저녁메뉴로 식탁 위에 올렸다. 이것저것 따로 반찬을 장만할 필요도 없이 매콤한 깍두기 한 접시면 그만이다. 각자의 밥그릇에 김이 모락모락 나는 국을 한두 족대씩 퍼주면 된다. 가족들이 즐겨먹고, 음식 만드는 아내가 간편하여 좋다며 행복해하니 적어도 우리 식탁에서는 이 친구가 쉽게 사라지는 불행한 사태는 없을 것 같아 그나마 다행이다. 대세에 어쩔 수 없이 떠밀려가면서도 지푸라기 하나라도 잡고 매달리고픈 심정이랄까.

이렇게 우리 식구들의 사랑을 흠뻑 받아왔던 국밥이지만, 온 세상을 긴장시켰던 광우병의 여파로 한때는 우리 집 식단에서도 밀려났던 뼈아픈 역사도 있다. 예전처럼 뻘건 기름이 둥둥 뜨는 원조 쇠고기 국밥을 만나기는 어렵다. 하지만 푹 고아진 소고기, 파, 양파, 무, 숙주나물, 토란줄기에다 매콤한 고춧가루와 마늘 양념 맛이 어우러진 얼큰하고 구수한 국 맛은 오래오래 우리의 미각을 지켜줄 것 같다.

서양음식의 공세에 맞서 우리의 식단을 여태껏 외로이 잘 지켜왔듯이, 훗날 서양음식의 득세가 점쳐지는 아이들의 식단에서도 이 기특한 친구가 오래 버티어 주기만을 간절히 바란다. 음식은 그 나라의 상징이며 뿌리의 원천이다. 세계 어디를 떠돌던 우리는 영원한 한국인임을 잊지 말았으면 하는 마음으로 뚝딱 비워낸 아이들의 빈 국그릇을 바라본다.

꽁치찌게 사랑

살짝 젖혀진 블라인드 사이로 들어오는 햇볕과 틈새로 언뜻언뜻 보이는 쪽빛 하늘이 살갑게 느껴지는 주말의 낮 시간이다. 베란다 저편에서 졸고 있는 나무들은 전신마사지라도 받는 양, 실바람에 가지들을 내맡기고 가볍게 떨고 있다. 망망대해 하늘바다에 간헐적으로 한 무리씩 떼 지어 떠다니는 구름 섬들이 이역만리에서 부평초처럼 살아가는 나그네의 가슴에 까닭모를 향수를 자극한다.

나른하고 무미건조한 이민생활의 무료함이 불쑥불쑥 찾아드는 주말의 오후시간이다. 각자가 속한 생활영역에서 어른은 어른대로 아이들은 아이들대로 쫓기던 주중의 바쁜 생활에서 잠시 벗어난 여유로움에 의탁해 빈둥거리다 보면 어느새 슬금슬금 찾아드는 삶의 무료함과 지루함이 극에 달해 아이들 입에서 슬슬 푸념이 튀어나온다.

기분전환을 위해 가끔 준비되는 즉흥적인 가족이벤트들이야말로 이런 무료함을 달래기 위해 동원되는 나름대로 개발한 특효약이다.

다양한 이벤트들 가운데 자주 등장하는 것은 가까운 외곽지로 불쑥 드라이브를 떠나거나 근처의 대형 몰로 함께 쇼핑하러 가는 것이다. 하지만 이러한 이벤트들의 효용가치가 점점 시들해지면서 왕좌자리를 내놓더니 최근에는 아주 자취를 감추고 말았다. 지금의 아파트로 이사 오기 전에는 같은 아파트단지에 거주하는 한인가족들이 자주 의기투합하여 공동 이벤트를 마련하여 즐거운 시간을 보내기도 했지만, 더 이상 그런 재밋거리도 없어졌다.

언제부터인가 무료한 주말오후를 위해 특별한 가족이벤트를 계획하는 일이 점점 하나의 골칫거리로 등장했다. 다행히, 새로운 돌파구를 찾게 되면서 이 문제는 어느 정도 해소가 되었다. 매주 식당을 바꾸어가며 외식을 하거나, 혹은 집에서 색다른 음식을 만들어 함께 먹는 방향으로 무언의 합의가 있었던 것이다. 굳이 중간평가를 하자면, 이 시나리오는 전 식구의 호응을 얻으며 지금까지 제법 만족스런 결과를 가져왔다. 그래서 이번 주말 점심도 집에서 꽁치찌개를 함께 해먹기로 했다. 어린 시절 우리 집 식탁에 가장 자주 올랐던 메뉴 중 하나였던 꽁치찌개. 오랜 세월 동안 그 맛을 잊고 지냈었는데, 갑자기 꽁치찌개가 먹고 싶다는 생각이 들어 오늘은 이 메뉴를 제안하기에 이르렀다.

계획이 마련되면 즉시 실행에 옮겨야 적성이 풀리는 성격이라, 곧바로 한국가게에 들러 꽁치찌개요리에 필요한 무와 파, 그리고 꽁치통조림을 구입했다. 메뉴를 제안했던 장본인이었으니, 아내에게 오늘은 내가 직접 요리를 하겠노라고 자청했다.

"얘들아, 너희들 오늘 점심으로 꽁치찌개 먹기로 한 것 알지."

"아빠가 꽁치찌개를 끓여 주시는 거예요?"

"그래, 아빠가 메뉴를 제안했으니 만들기는 하지만, 대신 맛없어도 불평하지는 말아야 한다. 알았지."

"네, 아빠가 만드신 음식들은 항상 맛있어요."

"얘끼 이놈들, 아빠 부엌살림 시킬 일 있나. 고얀 녀석들. 하하."

아빠가 앞치마를 두르고 부엌에서 요리해낸 음식들을 맛있는 양 불평 없이 먹어주는 녀석들이 있어 고맙고 행복하다. 그저께 저녁에도 부족한 솜씨를 발휘하여 처음으로 된장찌개를 끓여 줬더니, 찌개국물을 불어가며 맛있게 먹어주는 새끼들의 모습에 내심 기뻤다. 서양음식 맛에 오래 길들여진 아이들이지만, 어쩌다 식단에 올라오는 우리의 부대찌개나 고유음식들을 싫어하지 않는 것을 보면서 역시 핏줄은 어쩔 수 없구나 하는 생각을 해본다.

아빠가 맛있는 꽁치찌게를 끓여주겠노라고 아이들에게 큰소리는 쳤지만 내심 걱정도 된다. 그 옛날 학창 시절에 등산하러 갔다가 친구들과 합작으로 꽁치찌개를 끓여 보았던 경험이 전부인데 바닥 솜씨가 이제 곧 들통이 날 것 같다. 아무튼 이런 미천한 경험만 믿고 배짱 좋게 앞치마를 둘렀다.

"그럼, 이제부터 아빠가 세상에서 제일 맛있는 꽁치찌게를 한번 끓여볼 테니 기대하시라."

너스레를 떨며 슬쩍 아내를 쳐다보니, 어디 한 번 두고 봅시다하는 눈치이다. 살짝 미소 띤 얼굴을 보니, 부엌의 주인공으로 등장한 남편의 모습이 아직도 조금은 어색해 보이는 것 같다. 드디어 꽁치찌게 요리시작. 일단, 꽁치 통조림의 한 쪽을 틔우자 빽빽이 들어찬 꽁치의 몸통들이 그 모습을 드러낸다. 이들이 피워내는 구수한 냄새가 예민하게 코를 자극한다. 통조림통을 거꾸로 잡고 몇 차례 흔드니 깡통 속에 들어있던 꽁치몸통들이 냄비로 툭 떨어진다.
　냄비에 물을 적당히 더하고 된장과 고추장을 한 숟갈씩 푹 찍어 넣어 풀어놓고 서서히 가열. 그동안 아내는 내가 부탁한대로 무를 큼지막한 크기로 썰어 준다. 무들이 익는 동안 호박도 썰어 넣고, 무와 호박이 충분히 익을 즈음, 미리 준비해 둔 파와 고추도 썰어 넣고 조금 더 끓인다. 소금을 조금씩 가미하여 적절히 간이 되었을 때, 뚜껑을 열고 조금 더 보글보글 끓여주니 후각과 미각을 한껏 자극하는 꽁치찌개요리가 완료되었다.
　무슨 별난 요리도 아니건만, 워낙 오랜만에 먹어보는 음식이라 웬만하면 기본점수는 받겠지만, 그래도 맛이 없으면 허풍선이가 되니 나름대로 정말 정성을 담아 최선을 다하고자 했다. 드디어, 보글보글 끓는 꽁치찌게가 식탁에 올려졌다. 다른 기본반찬 몇 가지를 곁들이니 그럴듯한 한 끼의 점심식탁으로 충분했다.
　온 집안의 내부공간이 꽁치찌개 냄새로 가득 찼다. 찌개가 끓는 동안, 구수한 냄새에 후각이 자극을 받았는지 큰녀석은 찌개가 올라오자마자 대뜸 찌개국물을 제 밥그릇으로 얼큰히 옮겨 담고 비벼먹을 참이다. 둘째는 국물보다는 잘 익은 꽁치 몸통을 몇 점 골라 제 밥그릇 위에 얹어놓고 입으로 넣느라 바쁘다. 막내는 막내대로 넙적넙적 썰어진, 간이 배어 짭조름한 무쪽들을 밥 위에 수북이 올려놓는다. 한 배에서 태어났지만 식성은 어찌해서 저리 각양각색인지. 녀석들의 다른 식성이 재미있어 아내를 쳐다보니, 본인도 그게 신기한 듯 나를 보고 배시시 웃는다.

아이들이 자신들의 취향대로 내용물들을 먼저 선점해서 걷어가고 남아 있는 냄비는 우리 어른들의 몫이다. 오랜만에 아빠가 요리한 꽁치찌개냄비를 가운데 놓고 온 식구들이 두런두런 둘러 앉아 함께 식사를 하며 주말 오후시간의 무료함을 달래어 본다.

"당신, 꽁치찌개 전문요리점 차려도 되겠어요. 앞으로, 평생 꽁치찌개는 당신이 담당하세요. 나 보고는 절대 꽁치찌게 끓이라고 하기 없기랍니다. 호호호."

"무슨 말씀을. 누구 꽁치찌게 귀신 만들 일이 있나. 어림도 없지. 하하하."

정말 찌개가 맛있어서 그러는 건지, 아니면 앞으로 나보고 꽁치찌개를 자주 끓여 달라는 것인지. 그 진의를 알 수는 없지만, 까짓 거 아무려면 어쩌랴. 어쩌다 가끔 아내 앞에서 앞치마 한 번씩 두르는 것으로 오랜 타관생활의 무료함에서 한 나절이나마 벗어날 수 있다면.

아내의 텃밭

한낮이면 기온이 껑충 뛰어 올라 화씨로 100도를 훨씬 웃도는 이 도시. 자동차 보닛 위에 날계란을 깨트려 놓으면 금세 프라이가 된다는 우스갯소리를 할 정도로 찜통인 이 도시에 뿌리를 내린지도 상당한 시간이 흘렀다. 15년이란 시간의 질량 속에 화석처럼 군데군데 묻혀있는 삶의 흔적들이 그 세월을 증거하고 있다. 이따금 불청객인 허리케인이 덮치기라도 하면 한 바탕씩 몸살을 앓기도 하지만, 미운정 고운정이 오롯이 녹아있는 고향 같은 곳이다.

우리 가족이 지금 살고 있는 집으로 이사를 한 것은 몇 년 전 가을 무렵이었다. 뒷마당은 잔디조성이 되어있지 않은데다 새 주인의 손길을 오랫동안 기다리고 있던 새집이다 보니, 무성히 자란 잡초들의 세상으로 변해있었다. 이삿짐을 부리고 가구들이 대충 제 자리를 찾자마자 지체 없이 온 마당을 흉물스럽게 어지럽혀 놓은 잡초 녀석들의 토벌작업에 돌입했다. 이미 뿌리를 땅속 깊이 내리고 만일의 사태를 대비해 온 녀석들이 저항은 상상을 초월했다. 풀 뽑는 징비

까지 구입하여 열일 제쳐두고 손발을 부지런히 놀려 보았지만 녀석들을 모두 섬멸하는 데는 무려 보름을 소비해야 했다.

정말이지 녀석들과 한 판의 전쟁을 치르는 기분이었다. 피비린내 나는 전쟁을 치르고 상흔을 입은 녀석들이 내뿜는 체취가 온 마당에 가득했다. 얼마 전까지만 해도 온 세상이 제 것인 양 기세가 등등했었지만, 발목이 잘리고 뿌리를 뽑히자 머리카락이 잘려 나간 삼손마냥 금세 기운을 쓰지 못하고 축 늘어졌다. 녀석들에게 아프다고 고래고래 소리를 내어지를 수 있는 발성기관만 장착되어 있었다면, 아마 온 동네가 떠나가도록 시끄러웠을 것이다.

다른 한편으로는 저들도 분명 축복의 은혜를 입고 고귀한 생명을 부여받아 대자연의 일원으로 당당히 이 땅에 태어났을진대, 전생에 무슨 업보가 있었기에 이토록 미운 오리새끼 같은 존재들이 되었을까 측은한 마음이 드는가 하면, 조물주가 내린 생명을 나의 이기 때문에 내 마음대로 발목을 꺾고 뿌리를 쥐어뜯면서 처참하게 처단할 권리가 과연 있기나 한 것인가 하는 죄책감이 들기도 했다. 아무튼, 당시엔 이렇게 한 바탕 난리를 치르며 이사 통을 단단히 치러야만 했다.

씨앗이 땅 위에 떨어지지 않도록 잡풀들을 조심스럽게 거두어 한 쪽 구석으로 배치하자 뒤뜰은 곧 평온한 모습을 회복하였다. 제멋대로 파헤쳐진 마당을 평탄하게 만들고 그 위에 새 모래를 사다가 덮은 후 잔디 씨를 골고루 뿌리고 부지런히 물만 주면 일단의 작업들이 모두 마무리 되리라 여겼다. 그러나 알고 보니 여태껏 한 일은 그저 몸 풀기에 지나지 않았다. 아내의 머릿속에서는 처음부터 전혀 다른 밑그림이 그려져 있었다.

소화기능이 저하되어 육식의 섭취에 상당한 부담을 느끼고 있던 아내는 마당 한 모퉁이에 텃밭을 만들어 채소를 길러 보고 싶다고 했다. 이 척박한 토양에 채소농사는 어려울 거라며 만류를 했지만 기어이 텃밭을 만들고야 말겠다며 자신의 고집을 꺾지 않았다. 내가 반대의 뜻을 철회하자, 아내는 즉시 텃밭 만들기 작업에 돌입했다.

찜통 같은 이곳의 날씨에도 아랑곳하지 않고 구슬땀을 비 오듯이 흘리더니, 며칠 후 밭이 완성되었다며 자랑을 했다. 이렇게 하여 북미대륙 어느 한 모퉁이에 우리나라 재래식 풍의 소담한 텃밭이 새로 탄생한 셈이다. '늦게 배운 도둑질, 밤새는 줄 모른다'더니 정말 뒤늦게 새로운 취미생활을 갖게 된 아내는 뭘 하는지 몰라도 틈만 나면 텃밭에 쪼그리고 앉아 시간을 보냈다. 텃밭 옆에 가지런히 자리한 모종판에 심었던 씨앗들이 싹을 틔우고 방긋방긋 인사를 해오면, 자식새끼 보듯 기뻐하며 보듬었다. 한 포기 한 포기 정성을 다해 모판에서 텃밭으로 이식시키고, 아기에게 수유하듯 하루에도 수차례씩 물을 뿌려주며 어린 싹들의 생육과정과 일거수일투족을 지켜보는 재미에 흠뻑 빠져 들었다.

텃밭 위에 자라는 새싹들이 궁금하기는 나도 마찬가지였다. 앙증맞도록 귀여운 새싹들의 모습이지만, 볼 때마다 좀 더 좋은 생육환경에서 자랄 수도 있었을 텐데 하는 측은한 생각이 마음에서 떠나지 않았다. 저들도 고향을 두고 이역만리로 날아와 뿌리를 내려야 하는 것도 서러울 텐데, 한 아낙네의 취미생활 때문에 그 좋은 토양들을 대신하여 이 척박한 토양에서 뿌리를 내려야 했구나. 실낱같은 목숨 하나 달랑 붙들고 이제 곧 도래할 모진 고초와 역경들을 이겨내고 분연히 일어서야하는 저들의 불확실한 앞날을 생각하니 괜스레 걱정이 앞선다. 녀석들을 가만히 바라보고 있노라니, 풋내기 시절의 내 모습과 오버랩되는 느낌이다. 젊음의 패기 하나만 믿고 겁없이 시작했던 이민생활, 불확실한 앞날을 헤치고 분연히 일어서야 했던 그 시절의 내 처지가 저러하지 않았던가.

 자주 물을 주기는 하지만, 어린 싹들이 구명줄처럼 붙들고 있는 한 방울 물기마저 용납하지 못하는 건조하고 박정한 공기덩어리들을 앞으로 저 어린 것들이 도대체 어떻게 감당할 것이며, 뿌리를 내리고 살아가야 하는 토양 또한 얼마나 메마르고 척박한가. 이리 채이고 저리 채이며 잘게 잘게 분쇄되어 더 이상 작아질 수도 쪼개어질 수도 없는 입자들이 찰흙처럼 뭉쳐있는 토양이 아닌가. 곱게 자란 화초들이라면 사나흘을 버티기도 힘들 것이다. 어린 싹이라 하여 따뜻이 품어줄 리 만무한 이 가혹한 텃밭에서 저 어린 것들이 과연 살아남을 수 있을까.

 아내의 작은 텃밭에 처음으로 초대받은 작물들은 무, 배추, 고추, 들깨, 미나리, 오이, 호박이었다. 애당초부터 무모한 도전쯤으로 여기던 나를 비웃기라도 하는 듯, 이들의 초기발육은 예상외로 호조를 보였다. 그러나 예상대로 나흘이 지나자, 이대로 쑥쑥 자라 줄 것만 같았던 어린 싹들 중엔 그 기운을 이어가지 못하고 도중에 낙오하는 친구들이 속속 나타나기 시작했다. 그럼에도 불구하고, 상당수는 놀라운 생명력을 보이며 끝까지 살아남아, 다시금 생명의 위대함을 일깨워 주었다.

아무리 이들의 생명력이 대단하다고 할지언정, 원래 놀던 물(곳)만한 곳이 세상 어디에 또 있을까. 고추나무들의 떡잎들이 마르기 시작하더니 가장 일찌감치 대열에서 낙오하고 말았다. 다행히 들깨는 상당한 적응력을 보이며 하루하루 몰라보게 쑥쑥 자라주었다. 힘이 부칠 것으로 예상되었던 오이와 호박도 선전하며 반 이상이 살아남았다. 지인의 밭에서 이미 웃자라서 온 미나리도 적응 수업을 잘 마치고 상급생답게 무리없이 잘 자라주었다.

고추나무의 낙오로 실망이 컸지만, 다른 작물들의 선전으로 자신감을 얻은 듯, 나 몰래 아내는 텃밭의 크기를 조금씩 불려나가기 시작했다. 애초에 취미삼아 해볼 요량이었던 것이, 어느새 텃밭의 면적은 다섯 배로 불어났고, 급기야는 뒷마당의 반이 채소밭으로 바뀌었다. 더불어 재배작물도 셀 수 없이 늘어나서, 고구마, 감자, 근대, 수박, 참외, 상추, 가지, 파, 부추는 물론 브로콜리, 캘리플라워, 오크라, 피망, 서양 토마토, 서양 호박과 서양 오이에 이르기까지 다양했다. 작물의 다양성으로 신토불이 토종 텃밭의 정체성은 더욱 희석되고 말았다.
 이참에 동양과 서양의 채소들이 한 마당에서 오순도순 이웃으로 살아가는 글로벌 텃밭으로 변하고 말았다. 재배작물이 크게 늘어나자, 아내가 텃밭 주위에서 서성이는 시간들도 덩달아 늘어났다. '과유불급'의 논리를 앞세워 완곡히 설득해보았지만, 한 번 탄력을 받은 아내의 취미생활에 제동을 걸 수 있는 방법이 없었다. 하는 수 없이 '몸 고생 너무 시키지 말고 운동 삼아 적당히 하라'는 선에서 양보하고, 소 닭 보듯 하며 내버려두었다. 하얗던 아내의 얼굴과 피부가 발갛게 익어 가더니 지금은 아예 까무잡잡한 톤을 띤다.
 곱다며 주위에서 자주 칭찬을 듣던 손들도 많이 거칠어졌다. 주인마님의 잦은 뒷마당 행차에 그동안 혼자 지내느라 지겨워서 몸을 비틀고 하품을 밥 먹듯이 하던 우리 준이(진돗개)만 요즈음 살판이 났다. 녀석의 꼬리 흔들기가 부쩍 잦아진 요즈음이다.

중매쟁이 거북이

어느 토요일 아침 거북이 한 마리가 난데없이 출현하여 우리 아파트 입구에서 어슬렁거리고 있었던 모양이었다.

"아빠, 아빠, 우리 집으로 거북이가 오고 있어요."

"어서 일어나서 이리로 좀 와보세요."

"응, 알았어. 조금만 기다려. 아빠 곧 나갈 테니."

딸아이의 재촉에 못 이겨 주섬주섬 옷을 챙겨 입고 나가 보았더니 정말 거북이 한 마리가 우리 아파트 입구에서 마치 제 집 앞마당인 양 엉금엉금 기어 다니고 있었다. 제법 커다란 몸집으로 보아 다섯 살은 족히 넘었을 것 같았다. 거북을 처음으로 발견한 막내는 주말이라 단잠을 자고 있던 온 식구들을 깨우며 부산을 떨었다. 예기치 않은 거북손님의 등장으로 고요하던 주말아침의 분위기가 조금은 어수선해진 느낌이었다.

모두들 신기해하며 뚫어지게 바라보자, 고개를 등껍질 밑으로 쏙 집어넣고는 꿈쩍도 하지 않는다. 잔뜩 겁을 먹은 것인지, 이니면 낯선 종족들이 신기한 듯이 바라보니 머쓱해진 것인지 몰라도 좀처럼 고개를 밖으로 다시 내어놓지 않는다. 장난기 심한 짓궂은 둘째가 작은 막대기로 몸체를 거꾸로 뒤집어 놓아도 고개는 여전히 요지부동이다. 모두들 인내심을 가지고 조용히 기다리고 있으니 그제서야 동태를 살피려고 살짝 고개를 내밀었다. 그 찰나에 둘째 아이가 막대기로 머리를 톡 건드리자 다시 고개를 쏙 집어넣고 죽은 듯이 가만히 있다. 열 개의 반짝거리는 눈동자가 온통 저한테로 쏠려 있으니 마음이 편할 리가 만무했을 것이다.

거북을 일단 집안으로 데리고 들어와서 욕조에 물을 얕게 채운 다음 녀석을 그 안에 넣어두고선 온 식구가 아침 식사를 위해 식탁에 둘러앉았다. 먼저 큰아들이 질문을 했다.

"아빠, 저 거북이를 우리가 키울 건가요?"

"글쎄! 너희들이 키워낼 자신이 있나?"

둘째와 막내는 키워 보고 싶은 욕심에 무턱대고 일단 "네! 네!" 라고 한 목소리로 대답부터 하고 본다. 큰아들에게 다시 물어 보았다. "그럼, 네 생각은 어떠니?" 그래도 동생들보다 세상 물을 좀 더 먹었다고 제법 의젓하게 말한다.

"키우고는 싶지만, 또 혹시 누가 집에서 키우던 거북이라면 지금 열심히 찾고 있지 않을까요?"

네 생각이 맞다는 표시로 고개를 끄덕이며 아내의 뜻을 묻기 위해 애들 엄마를 쳐다봤다.

"당신 생각은 어때." 조금 생각하더니 절충안을 내어 놓는다.

"이왕 제 발로 찾아 왔으니 하루만 키워 봤으면 좋겠네요. 애들도 이참에 거북이의 습성도 배울 겸 좋지 않을까요. 오래 데리고 있으면 잃어버린 주인도 애타게 찾을 테고, 또 애들이랑 너무 오래 정이 들게 되면 이별의 아쉬움도 크게 남을 테니까요."

교사생활을 오래했던 티를 감추지 못하고, 거북을 통한 교육적인 효과에 대해 역설하는 엄마의 그럴싸한 절충안이었다. 두 아이들도 엄마의 얘기에 전폭적인 지지를 보낸다. 이렇게 하여 일단 엄마의 생각을 따르기로 함께 중지를 모았다.

"대신, 오늘 하루 거북의 생활습성과 행동거지들을 열심히 관찰하여 아빠에게 말하기로 약속해야 한다. 그리고 내일 아침에 아빠가 거북이 잃어버리신 분은 찾아가시라고 아파트 게시판에 공고할 테다. 그럼 된 거지?"

"네에."

녀석들의 대답이 시원하다. 아이들과 약속한 대로 다음날 아침 잃어버린 거북이를 찾아가라는 광고지를 만들어 아파트단지 공공게시판의 잘 보이는 위치에 게시했다. 하루가 지나자 과연 어떤 사람에게서 자신들의 거북이가 사라졌다고 연락이 왔고, 곧 거북이를 데리고 가겠다고 찾아 왔다. 잃어버린 줄 알고 걱정했는데 이렇게 다시 찾을 수 있게 되어 기쁘다면서 연신 고맙다는 인사를 하고는 거북이를 데려갔다. 이렇게 해서 우리와 거북이와의 인연은 결국 이틀만의 해프닝으로 끝나고 모든 것은 원점으로 되돌아갔다.

이후에도 가끔 우리들의 화제에 오르기도 했지만 그 거북도 차츰 우리들의 관심에서 멀어져 갔다. 그런데, 약 세 달쯤 후에 거북주인에게서 고마움의 표시로 우리 가족을 초대하고 싶다는 연락이 왔다. 사실, 그 거북을 자신들이 몇 년 동안 애지중지 키워 왔기 때문에 우리 가족 덕분에 다시 찾게 되어 기뻤다면서, 언젠가 그 고마움을 꼭 표시하고 싶었다고 말했다. 우리들이 뭐 특별히 대단한 일을 한 것도 아닌데 그들이 느끼는 고마움은 그렇지가 않은 모양이었다. 허기야 나도 다른 이들의 작은 관심과 배려에 큰 감동을 받은 적이 없었던 것은 아니기에 그 마음을 조금은 이해할 수 있을 것 같았다.

아무튼 그 거북이 덕분에 그날 저녁 우리는 그 댁에서 아주 좋은 식사대접을 받을 수 있었고, 얼마 후 우리도 그 고마움에 보답하기 위해 그들을 초대하였다. 서로 대접을 한 차례씩 주고받으면서 자연스레 그들과 우리 가족은 친해지게 되었다. 마침 그들 부부도 우리와 나이가 비슷하고 사람들도 무척 착했다. 거기다가 그 집의 아이들과 우리 아이들의 나이가 비슷하여 서로 쉽게 친구가 될 수 있었다. 이후에도 아이들은 가끔 만나게 되면 서로 반갑다고 난리였다. 서로 간의 이런 교류를 트게 된 것은 순전히 길을 잃은 그 거북이로 인해서 비롯되었으니, 거북이가 맺어준 특이한 인연인 셈이다. 오늘이 그 삼년 째 되는 날이다 보니, 두 이웃 가정의 중매쟁이가 된 그 거북이가 새삼 고맙다.

3.
사색의 벤치

카멜레온 바다

 힘찬 날갯짓으로 허공을 가르는 갈매기들의 비상연습이 한창이다. 가을들판처럼 넘실대는 누런 바다 위로 아침 햇살들이 부지런히 내려앉는다. 해수면 위에서 밤새 안식을 취했던 공기덩어리엔 포근함이 묻어나고, 출렁이는 물결로 잠을 설쳤던 빈 배들은 반수면상태에서 한 번씩 깜짝깜짝 놀라곤 한다. 한쪽 자락엔 멀대같이 키가 큰 야자수들이 기린처럼 목을 쭉 뽑아 올리고 늘어서서 남국의 정취를 더해 주고 있다. 내가 요즈음 지내고 있는 트리니다드 서쪽 해역에 자리 잡은 파리아(Paria)만(灣)의 아침풍경이다.
 천연의 물빛이 세상에서 가장 곱다는 카리브 해의 남쪽 한 자락에 똬리를 틀고 있는 바다 안의 바다이다. 세상 한 모퉁이에 있는지 없는지도 모르게 자리를 펴고 앉았기에, 대양의 우람함이나 창대함을 기대할 수는 없지만 나름대로 기품이 있고 풋풋한 정이 느껴지는 곳이다.
 곱디고운 옥에도 흠결이 있듯이, 이왕이면 카리브 해의 맑은 물띠를 두른 쪽빛 바다였으면 하는 아쉬움이 없지 않으나, 밤낮 없이 질퍽하게 쏟아내는 오리노코 강의 부유입자들을 거두어 주느라 정작 저는 온통 황톳빛으로 물들고 말았다. 황토 물도 마다 않고 빗장을 풀어 먼 강의 흐름을 틔워주는 넉넉함을 생각하면, 바라보는 내 마음도 덩달아 풍성해지는 느낌이다.

날마다 출퇴근길에 만나는 연안에는 용궁 같은 산호초도, 형형색색의 아름다운 열대어들도, 백설 같은 모래사장도, 웅웅거리는 파도소리는 없지만, 날마다 새로운 모습으로 나타나는 정성 하나는 정말로 가상하다. 관심을 갖고 자주 대하다보니 처음엔 그저 몸짓에 지나지 않던 것들이 차츰 다양한 의미로 다가오기 시작했다. 비릿하지만 싱싱한 해풍에 기운을 실어 반가움을 표시하는가 하면, 넘실넘실 어깨춤을 추며 자신의 유쾌한 기분을 전해 준다. 아침엔 온통 금빛가루를 뿌려놓고 와글와글 갈채를 보내기도 하고, 저녁엔 풍선 같은 발그스레한 구름들의 화려한 운무로 지친 퇴근길을 배려하기도 한다. 가끔은 허연 눈물을 펑펑 쏟아내며 꺼이꺼이 울음으로 알 수 없는 슬픔을 드러내기도 하다가, 그 무엇이 몹시 그리운 날엔 방파제에 철썩철썩 부딪혀 산산이 부서지며 처절한 몸부림을 보이기도 한다.

어쩌다 이른 퇴근시간에 만나면, 인정사정없이 바늘처럼 내리꽂히는 따가운 햇살을 받아내느라 지쳐 보이고, 일몰의 퇴근시간에는 낭만과 열정으로 기운이 철철 넘쳐 보이기도 한다. 적과 흑이

극치의 조화를 이루어 석양의 황홀한 무대를 연출하기도 하니 라틴아메리카의 기운과 분위기들이 이 바다에게도 자연스레 스며든 것일까. 해 저무는 바다에 선혈같이 붉은 햇살이 길게 드리우면, 역광에 까맣게 타버린 나무들이 서로 어울려 리드미컬한 탱고 춤을 추며 한껏 신을 내기도 한다.

그 옛날 그림그리기를 좋아하던 어느 신이 캔버스로 사용하기 위해 이 바다를 만들었던 것은 아닐까. 그렸다간 금세 쓱삭 지우고, 또 그리고선 지우고. 그야말로 만능 캔버스이다. 세상에 이보다 더 훌륭한 캔버스가 또 있을까 싶다. 화폭에 올라앉은 그림들이 조석으로 다르고 시시각각 다르다. 패션과 색상은 대담한 듯하나 절제의 도가 있고, 화장과 치장은 화려하나 교태롭지 아니하다.

아침나절 화려한 금빛 비단 옷을 두르고 요염하게 나타났다가, 오후 느지막한 퇴근길엔 어느새 울긋불긋 색동치마 저고리로 갈아입고 수줍음을 타기도 한다. 어느 날은 비단금침을 깔아놓은 듯 폭신한 느낌을 연출하더니, 다음 날은 희뿌연 물안개 피우고 몽환적 분위기를 자아내기도 한다. 어쩌다 명경같이 고요한 수면이 펼쳐지면 지나가던 구름들도 쉬어가고, 옥빛 하늘이 컴퓨터 배경화면처럼 깔린다. 더러는 몇 척의 조각배들을 띄엄띄엄 띄워 놓고 이방인의 향수를 한껏 자극하는가 하면, 기분이 좋은 날은 수평선을 선명하게 그었다 지웠다 하며 하늘과 사랑놀이를 하기도 한다. 또는, 잿빛 하늘 아래의 온 사방을 텅 비워 적막하고 쓸쓸한 분위기를 연출하는가 하면, 감색 물감을 풀고선 하얀 물새들의 화려한 군무로 생동감을 한껏 살려보기도 한다. 수면을 온통 단색으로 채색했다가는 또 여러 빛깔로 물띠를 둘러놓기도 한다. 시시각각 오묘한 분위기를 빚어내는 신출귀몰한 솜씨는 도대체 어디서 나오는 것일까.

바다 가운데 점점이 박혀 있는 외톨이 바위섬들도 이따금 눈에 띈다. 저 바위섬들을 보고 있노라니, 바다의 겉모습이 아무리 다양하고 화려할 지라도 심연 곳곳엔 처절한 태생의 슬픔과 시간들이 조개무지처럼 쌓여 농한 울음을 쏟아내고 있을지도 모른다는 생각이 스쳐 간다. 그 아픔들이 켜켜이 쌓이고 부상하여 덩그마니 홀로 떠있는 조각난 영혼들이 바로 저 섬들이 아닐까.

더러는 바위섬 주변에서 조용히 묵상하고 있는 빈 배들도 눈에 띈다. 모든 것을 다 덜어내고 비워낸 듯, 그 초연한 모습엔 오히려 경건한 분위기마저 느껴진다. 바람의 유혹도, 창랑의 유혹도, 물새의 유혹도, 조각달의 유혹도, 만선의 유혹도 모두 뿌리치고 오직 무아와 고독으로 가슴을 채운 존재들. 물끄러미 바라보고 있노라니, 조석으로 춤을 추는 세상인심과 이해에 따라 늘 허우적거리는 내 자신이 부끄럽다.

한 쪽 자락엔 해수에 모질게 파여 가슴팍이 고스란히 드러난 절벽 하나가 육지와 바다의 경계선을 선명하게 긋고 서 있다. 이 가파른 해식대 위에는 노천 화장터 하나가 자리를 잡고 있다. 애먼

글면 살다가 이제 부초 같은 삶의 짐 모두 내려놓고 한 줌의 재가 되어 산화하는 곳이다. 치열하게 정수리를 후벼파던 가파른 시간들이 엄숙히 해체되고, 먼 여행의 길로 접어드는 길목 같은 곳이다. 그동안 이 바다는 이 지방에서 한 평생 살다가 본향으로 돌아가는 수많은 영혼들을 거두어 왔을 것이다. 해수를 따라 이리저리 흩어져 심연에서 배회하고 있을 수많은 영혼들을 날마다 달래주고 있을지도 모르겠다. 이따금 절벽을 타고 내려오는, 인간과 바다가 화음 맞춰 부르는 장송곡들이 가슴을 후벼판다.

힘겨운 세상살이로 상념이 성큼 늘어난 중년에 많은 의미를 던져주고 자신을 되돌아 볼 수 있게 하는 이 작은 바다를 날마다 만날 수 있게 된 것은 큰 행운이다. 머지않아 헤어지게 되겠지만, 이젠 세상 어딜 가나 싱싱한 바다 하나가 내 가슴 속에서 늘 출렁이고 있을 것 같다.

조약돌 마을

 산이 많고 하천이 많은 우리나라의 개천이나 바닷가에는 조약돌들이 옹기종기 모여 오순도순 살아가는 해변이 유난히 많다. 어디를 가나 어깨를 맞대고 그들만의 살가운 속삭임을 주고받는 조약돌 마을.
 내가 살고 있는 텍사스에선 이런 살가운 해변을 좀처럼 만날 수 없다. 그러나 오래전 내가 우리나라에 살 때는 한반도가 좁다하며 산야를 안방처럼 헤집고 다녔기에, 수많은 조약돌 마을과 만나고 헤어졌다. 개울바닥에 자리를 잡고 동글동글한 얼굴을 내밀고 마치 일광욕을 즐기고 있는 듯한 조약돌의 마을에 대한 내 그리움의 꽃봉오리들이 폭죽처럼 터지기 시작할 즈음이면, 나는 가끔 그 옛날 청도 운문사 근처의 산자락에서 만났던 한 평화로운 냇가를 떠올린다.
 한없이 취해 정신없이 바라보았던 그 돌밭, 마치 영화의 한 장면처럼 금방 클로즈업 되어 내게 다가온다. 빛바랜 사진첩을 꺼내 펼쳐 보듯, 추억이 담겨 있는 한 장면 한 장면 찬찬히 살펴본다. 독불장군인 양 두드러져서 특별히 눈에 거슬리는 녀석도 없고, 다들 고만고만하다. 잘난 놈도 못난 놈도 없이 옹기종기 서로 어깨를 맞대고 있으니, 불평등이나 차별도 없다. 권력이나 힘깨나 있다고 거들먹거리는 놈도 없고, 저 잘났다고 우기는 일도 없고, 어느 누구도 모난 곳이 없으니 서로 상처 주는 일도 없을 것 같다. 또, 서로 질투나 시샘하는 일도 없을 것 같다. 둥글고 넉넉한 개체들이 한 마을을 이루고 함께 살고 있으니, 험상궂은 얼굴로 악을 쓰며 서로 다툴 일이 어디 있겠는가.

가만히 살펴보니 각양각색 천태만상의 군상들이 함께 모여 살고 있는 모습이, 다양한 피부색과 모습들을 지니고 여러 지구촌 마을에 무리지어 어울려 사는 인간 군상들과 흡사하다는 생각이 든다. 숯덩이처럼 새까만 친구들, 백설처럼 뽀얀 친구들, 새댁처럼 발그스레한 친구들, 물든 은행잎처럼 노란 친구들, 은은한 회색빛이 도는 친구들, 흑색바탕에 흰 줄무늬가 섞여 있는 친구들, 흰 바탕에 검은 무늬를 휘감고 있는 친구들, 베이지색에 흰 점들이 흩어져 있는 녀석들. 저렇게 각양각색 다른 개체들이 자연스레 어우러져 너무도 평화로운 마을을 이루어 살고 있는 저들이 공연히 부러워지는 것은 웬일일까. 우리 인간들도 너희들처럼 피부빛깔도 출신도 배경도 초월하여, 아무런 다툼이나 갈등 없이 저렇게 평화롭게 어울려 살 수는 없는 걸까.

왜 사람들은 국가, 민족, 종교, 이념, 지역, 인종 등의 원한관계를 풀지 못하고, 서로 날마다 갈등하며 부대끼면서 살아야 하는지. 왜 저 조약돌들처럼 평화롭고 여유 있고 둥글둥글하게 살아가지 못할까. 아마 저들도 처음에는 무척 첨예하고 날카로운 예각들이 무수히 부딪히며 서로에게 상처를 주고받으며 많이 부대꼈겠지. 그 수많은 세파와 풍상을 겪으면서 깎이고 도려내고 벗겨지는 인고의 세월을 거쳤겠지. 우리들이 저네들처럼 살아가자면, 또 얼마나 긴 세월을 부대끼며 살아야 할까. 오직 순수하게 맑고 깨끗한 순백의 결정체만 남기고, 미운 마음, 모난 마음, 질시하는 마음, 원망하는 마음들을 모두 깎아내어 둥글둥글 부드럽게 어울려 살자면 어찌 한 세월만으로 되겠는가.

이 천태만상의 조약돌들은 언제 어떻게 태어나 한 마을을 이루어 살게 되었을까. 저들 중에는 멀리 시베리아 들판을 이리저리 떠돌다 온 친구들이 있을지도 모르며, 팔도강산 유람하듯 떠돌다가 찾아온 친구들도 있을 것 같다. 먼 나라의 이름 모를 골짜기를 헤매다 온 친구들도 있을 법하고, 심산유곡의 산봉우리에서 떨어져 나온 친구들도 있을 것이다. 또 열사의 사막을 이리저리 떠돌다가 이곳으로 흘러들었을지도 모를 일이다.

자신들을 품고 있던 모태 바위들의 족보들도 다양할 성싶다. 예쁜 화강암의 분신들이 있나 하면, 뜨거운 화산의 불기둥을 탈출한 구멍이 숭숭 뚫린 현무암들의 분신들도 보인다. 온갖 세상풍파를

다 겪고 허리가 휜 편마암의 분신들도 있나 하면, 현란한 무늬를 자랑하는 대리석의 태생들도 눈에 띄고, 드물게는 다양한 빛깔에 줄무늬 패션을 보여주는 희귀한 암석들의 후손들도 있다.

이처럼 천태만상의 친구들이 살가운 공동체를 이루어 어깨를 맞대고 마치 피붙이처럼 살아가고 있으니, 저들 사이에도 필시 전생에 무슨 인연(因緣)이 있었을 것 같다. 저마다 이 계곡 저 계곡 넘나들며 떠돌던 저들이 그런 귀한 인연이 없다면 어떻게 저렇게 한 마을에서 서로 정답게 어깨를 포개고 살아갈 수 있을까.

조약돌 마을을 떠올리며 이런저런 상념에 한참 젖어들다 보면, 아득히 오래전에 친구들과 만들었던 '조약돌'이란 모임에 대한 추억이 떠오른다. 지금은 모두 뿔뿔이 흩어져 연락도 잘 되지 않지만, 여전히 내 마음 한 자락에 모질도록 남아 떠오르는 구절이 있다. 당시, 결의문 마지막 부분에 있던 한 소절이다.

"아무리 모질고 험난한 파도가 닥쳐도 더욱더 둥글고 단단히 부둥켜안고 살아가리, 우리는 조약돌."

요즈음 들어 이 구절이 마음속에 자주 떠올라 내 그리움의 샘을 자극하는 것은 무슨 연유일까. 부대끼고 시달리며 부드러워지고 다듬어지는 조약돌 마을이 더욱 그리워지는 요즈음이다.

출장길에서

휴스턴을 벗어나 북쪽으로 차로 4시간쯤 달려 달라스의 도심에 이르면 슬그머니 꼬리를 내리고 75번으로 이어지는 45번 하이웨이를 달리면 기분이 참 좋아진다. 텍사스에서 가장 큰 두 도시들인 휴스턴과 달라스를 이어주는 45번 하이웨이다. 그냥 일반적으로 생각하면 그저 진부한 평원만 끊임없이 펼쳐질 뿐, 뭐하나 딱히 내세울만한 것도 없는 그저 그런 하이웨이지만 그래도 싫지 않다. 크고 작은 산들과 아기자기한 평야들이 좁은 공간 안에서 다채롭게 조화를 이룬 여러 풍경들이 연신 펼쳐지는 삼천리금수강산에 비하면 정말 멋이라곤 하나 없는 밋밋하고 휑한 대평원을 가로지르는 길이지만 그래도 이 길을 달리면 왠지 마음이 편안해지고 가슴이 뻥 뚫리는 듯한 기분에 젖어들게 된다.

처음부터 이 길이 좋았던 것은 아니다. 나에게도 별 감흥이 없는 평범한 하나의 하이웨이에 지나지 않았다. 그러나 재작년 가을부터 달라스 출장이 잦아지면서, 이 길을 자주 오고가게 되었고 그러면서 그 주변의 풍경들과 차츰 친숙해지게 되었다. 대자연에 펼쳐지는 갖가지 전경들과 현상들을 유심히 바라보면서, 그 속에 숨어있는 오묘한 조화와 질서, 그리고 눈앞에 펼쳐지는 대상들과 동화되어 이런저런 의미들을 생각해보는 묘미에 조금씩 빠져들게 되었다.

대자연의 품에 뿌리를 내린 초목도 되어보고, 더러는 햇살에 반짝이는 호수도 되어보고, 창공을 둥둥 떠다니는 구름도 되었다가, 때로는 이름 모르는 새가 되어 들녘의 푸른 창공을 날아 보기도 한다. 과거에 무심히 지나치며 보았던 대자연과 그 품속에 자리한 대상들을 다양한 의미로 만나게 되는 체험을 하면서 자연과 조금씩 가까워질 수 있었다.

인간의 역할을 최소화하고 자연의 경영을 철저히 자연에게 맡기는 이곳 사람들의 자연친화적인 성향 탓인지 거대한 두 도시를 잇는 하이웨이 주변의 대평원은 거의 자연그대로 원형을 보존하고 있다. 그저 텅 빈 느낌으로만 다가서는 드넓은 들녘을 바라보면 텅 빈 공간의 쓸쓸함보다 후련함이 앞선다. 텅 비어있는 공간을 애써 채우려 하지 않는 여유가 부럽게 느껴지기도 한다. 열심히 차를 달리며 차창 밖으로 펼쳐지는 대평원의 오묘함과 다양하게 다가서는 여러 초목들이 부지런히 건네주는 이런저런 메시지를 받아내다 보면 내 마음도 덩달아 분주해진다.

철철이 변화하는 대자연의 섬세한 맥박소리와 웅장한 서사시를 함께 만나는 기쁨이 있어, 잦은 여행길이지만 매번 내 마음은 설렌다. 새 봄의 말발굽 소리를 애타게 기다리는 대자연의 설레임과 긴 동면에서 부스스 깨어나는 대지의 용틀임도 만나고, 무성하게 푸른 잎을 펼치고 태양의 열기를 열심히 받아내는 성하의 싱그러움도 만나고, 울긋불긋한 옷을 입고 시간 속으로 먼 길을 재촉하는 초목들의 화려한 이별잔치도 본다. 마지막 잎새마저 아낌없이 버리며 새로운 시작을 준비하는 자연의 엄숙한 섭리를 보며 허수아비 하나 존재하지 않는 빈 들녘을 달릴 때면 마음속에 갇혀 있던 그리움들이 꿈틀거리며 살아나 향수를 자극하기도 한다.

달리는 동안 시시각각 펼쳐지는 장면과 느낌들 또한 다양하다. 일출의 포효를 알리는 태양의 용틀임이 시작되면 가벼운 솜이불처럼 포근히 대지를 감싸고 있던 희뿌연 새벽안개가 어둠과 함께 서서히 걷혀지는 모습도 있고, 밤새도록 맺혔던 그리움의 눈물들을 툭툭 털어내는 초목들도 만날 수 있다. 한낮에는 들녘에 드문드문 군생하며 갖가지 빛깔로 눈길을 끄는 각양각색의 들꽃들도 만나고, 일몰의 시간 즈음에는 역광에 까맣게 타버린 황혼녘의 수많은 나무숲들과 비늘처럼 반짝이는 황금빛 호수들도 만날 수 있다. 때로는 무성한 나뭇잎들 속에 숨겨졌던 빈 둥지들이 앙상한 가지들을 붙들고 공중에 덩그마니 걸려 있는 모습도 만나게 되고, 칠흑 같은 어둠이면 침묵하는 원시의 고요와 화려한 문명의 불빛들이 묘한 대조를 이루면서 함께 공존하고 있는 모습들도 본다.

차창 밖을 스쳐지나가는 다양한 초목군들을 유심히 바라보노라면 또 여러 가지 다른 느낌들이 찾아든다. 외로운 들녘을 홀로 지키며 드문드문 보이는 나무들은 조금은 쓸쓸해 보이고, 함께 군락을 이루어 어깻죽지를 맞대고 지내는 나무들은 서로 잎새들을 부비며 정담을 주고받는 듯하다. 미풍에도 쉽게 흔들리는 연약하고 새파란 줄기를 지탱하며 미래의 꿈을 키워 가는 유목(幼木)들이 있나 하면, 하늘을 향해 양팔을 활짝 치켜들고 왕성하게 자라는 청년목들도 있다. 웬만한 바람에도 흔들리지 않는 중후한 중년의 나무들이 있나 하면, 스스로를 지탱하기조차 힘들어 가지들을 축 늘어뜨리고 허리를 구부려 세월의 무게를 지탱하기도 벅차 보이는 노목(老木)들도 볼 수 있다. 각자 자신의 자리를 비우고 이 세상을 떠날 채비를 하는 노목들을 보면, 그것이 거역할 수 없는 대자연의 신령한 섭리라 할지라도 마음속에서는 알 수 없는 슬픔이 일렁인다.

쉼없이 다가서는 대자연과 무언의 대화를 나누면서, 이런 저런 상념에 젖어들다 보면 네 시간은 눈 깜짝할 사이에 지나가고 달라스와 휴스턴의 도심에 우뚝 솟은 마천루 빌딩 숲들이 먼 시야에 들어오기 시작한다. 수많은 초목과 미물들을 품어 안고 정성을 다해 키우고 보살피는 대자연의 자비와 베풂을 생각하면 마음 한켠이 숙연해짐을 느낀다. 자연의 마음이 되어 살아 볼 수는 없을까. 각박한 세상을 살아가면서 눈앞의 이익과 타협하느라 자칫 중요한 삶의 덕목이나 지침들을 잊고 살지는 않았는지 자성하며 다시 나 자신의 옷매무새를 고치게 된다. 아낌없이 모든 것을 주면서도 한 치의 대가도 바라지 않는 대자연의 넉넉함을 조금씩이나마 닮고 싶다.

  자연이 건네주는 의미들을 여행할 때마다 새롭게 만날 수 있으리란 설렘을 안고 나는 앞으로도 이 길을 언제나 기쁜 마음으로 달릴 것이다.

행복의 토대

얼마 전에 영국의 신경제재단에서 발표한 각국의 행복지수에 관한 기사를 읽은 적이 있다. 행복의 정도를 수치화한다는 것이 좀 낯설기는 하지만, 그래도 권위 있는 단체에서 매년 발표하는 수치인만큼 어느 정도 객관적인 타당성에 근거하고 있으리라 믿는다.

사람이라면 누구나 적어도 한두 번쯤은 '행복이란 무엇일까'라는 질문을 받아들고 나름대로 그 대답들을 찾고자 애쓴 적이 있을 것이다. 고대희랍으로부터 작금에 이르는 동안 수많은 성현들이 나름대로 행복의 정의와 조건들에 대해 고민하면서 행복에 이르는 길에 대한 다양한 처방과 방법들을 내어 놓았지만, 만인이 공감하는 절대적인 이론이나 명쾌한 정의는 없었던 것으로 알고 있다. 그저 단편적이거나 흔히 알고 있는 진부한 대답들만 메아리처럼 귓전을 맴돌았을 뿐, 막힌 속을 뻥 뚫어줄 만한 시원한 답을 만나기는 어려웠다.

어차피, 본 글에서 필자의 단견과 과문한 지식으로는 행복에 관하여 뭐 거창한 이론이나 누구나 납득할 수 있는 타당한 결론을 이끌어낸다는 것은 어불성설이지만 그렇다 해서 진부한 이야기들을 꾀꼬리처럼 반복해서 답습하고 싶은 마음은 없다. 행복의 요소들을 두루 아우를 수 있는 대답을 찾는 일이란, 애초부터 우물가에서 숭늉 찾는 격이니 괜한 일로 시간을 낭비하고픈 마음은 더욱 없다. 그동안 행복지수가 높게 나왔던 나라들을 다니면서 느껴왔던 것들에 대한 개인적인 소회와 현지를 체험하며 깨달았던 점들을 그냥 부담없이 풀어 놓고 싶을 뿐이다.

어느 누구도 부정할 수 없는 행복에 관한 한 가지 분명한 사실은, 그것이 무엇인지 정확히 정의할 순 없지만 너도나도 행복을 추구하며 그것을 갈망하고 있다는 것이다. 각자가 추구하고 있는 행복의 모습은 저 마다의 가치관, 경험, 처한 상황에 따라 제각각일 가능성이 많다. 필경 공통된 요소들이 있을지라도, 구체적으로 들어가면 서로 많은 차이들을 보일 것이다. 한 순간의 짧은 행복이 있는가 하면, 지속적인 행복이 있을 것이며, 개인의 행복이 있나하면 국가의 행복도 있을 것이다.

한 국가가 자국민들의 행복한 생활을 위해 얼마나 좋은 여건이나 환경을 제공하고 있는지 총체적으로 평가해보는 바로미터가 곧 '행복지수'가 아닐까 싶다. 금년에 발표된 각국의 행복지수를 비교해보면, 지구상에서 그 수치가 가장 높게 나온 나라는 중미의 코스타리카였다. 흔히 알고 있는 세상적인 기준으로만 봤을 때는,

코스타리카라면 제3세계에 속하는 주변국가로서 세계의 경제와 산업과 지식을 선도하고 있는 그런 중심국가가 전혀 아니다. 경제 산업 문화 등 사회 전반에 걸친 인프라와 제반 여건들이 미흡할 뿐 아니라, 국토가 그리 넓은 것도 아니요, 지진도 빈번하게 일어난다. 일반적인 상식의 잣대만 들이대고 보았을 때는 그 무엇 하나 변변하게 내세울 것도 없는 그런 세계의 변방국이지만 지난 수년 동안 발표된 행복지수는 늘 최선두권을 유지하고 있으니 그 비결이 궁금하다.

우리가 흔히 알고 있는, 경제적으로 부유하고 사회 전반에 걸친 인프라가 튼실하게 잘 구축되어 있는 나라들 가운데 행복지수가 상위랭킹에 들어있는 국가들은 눈을 씻고 찾아봐도 없다. 세계에서 일인당 국민소득이 가장 높은 룩셈부르크나 사회보장제도가 뛰어나다는 스칸디나비아 반도의 국가들은 물론 소위 선진국이라 불리는 미국, 영국, 프랑스, 독일, 일본 등도 거의 하위권이다.

오히려 카리브 해 주변이나 남태평양에 위치한 약소국들이나 아시아의 방글라데시와 베트남 같은 나라가 대거 상위권에 포진되어 있다. 우리의 일반적인 생각이나 평소의 상식을 뛰어넘는 이러한 현상들을 도대체 어떻게 봐야할 것이며, 이러한 결과가 행복에 대해 시사하는 점들은 무엇일까? 이 질문을 마음에 담고 나름대로 그 해답을 찾아보고자 했다. 그동안 행복지수가 현저히 높은 나라와 낮은 나라에서 생활하며 두루 경험을 해본 적이 있으므로 행복에 관한 실마리들이 조금은 잡힐 것 같았다.

지수의 수치가 높게 나타나는 카리브 해역의 몇몇 나라들을 둘러보거나 이 나라의 사람들과 지근거리에서 생활하면서, 그들의 삶을 가까이서 지켜 볼 수 있는 기회가 많았다. 현재 내가 머물고 있는 나라도 카리브 해역의 중남단에 위치한 '트리니다드 토바고'라는 섬나라이다. 그들의 삶을 직접 현장에서 눈으로 보고 체험하다보니 스스로 행복에 관한 물음과 생각에 사로잡힐 때가 많았다. 도대체 이들 나라엔 어떤 마력들이 작용하고 있길래, 이들에게는 불행, 미움, 질시 등의 어두운 그림자들이 쉽사리 범접할 수 없는 것일까.

매번 느끼는 것이지만 비록 가난에 찌들어 사는 곳이 누옥들일지언정 그들의 표정엔 근심의 그림자를 찾아보기가 어려웠다. 물질적인 결핍이나 불편한 생활여건에 대해 정작 본인들은 전혀 불편하다고 느끼지 않으며 주어진 여건을 있는 그대로 수용하고 자연에 순응하며 낙천적인 생각과 마음으로 근심없이 사는 것을 볼 수 있었다. 이들에게 불평이나 불만 같은 것은 먼 나라의 얘기로 들릴 것이다.

수년 전, 과테말라에 들렀을 때는 이런 일도 있었다. 대여섯 마리의 돼지가족이 백주대로에 버젓이 누워서 오수를 취하고 있었다. 난생처음 보는 신기한 광경이라 가던 길을 멈추고 한참 동안 지켜보았다. 차도 위에서 깊은 잠에 빠져있는 돼지가족들 때문에 교통이 원활하지 않았음에도 불구하고 누구 하나 경적을 울리거나 짜증내는 이들이 없었다. 조금 불편하지만 돼지가족들을 피해 모든 차량들이 조심스레 우회하는 모습이었다.

거기다 길거리를 마구 돌아다니는 유기견들도 셀 수 없이 많았다. 하지만 지나가는 차량이나 사람들에게 일말의 경계심을 보이거나 두려워하는 기색은 전혀 없었다. 차들이 으레 알아서 비켜가다 보니 자연스레 자리 잡은 습성인 듯했다. 동물들이 저토록 편안하게 느낄 만큼 이 나라 사람들의 마음이 순박하고 평화롭다는 반증일 것이다. 마치 사람과 동물들이 자연 속에서 한 식구가 되어 살아가는 듯한 느낌을 받았다. 이 나라 저 나라 다니다보니, 이러한 현상은 비단 과테말라에서만 관찰되는 현상도 아니었다. 근역의 모든 나라에서 관찰되는 현상이었다.

이들 국가들의 그 속내를 들여다보면, 고속도로라고 해야 기껏 쌍방일차선인 경우가 대부분이며, 하물며 일반 도로의 열악함이란 이루 말도 못한다. 중앙분리선들이 제대로 반듯하게 눈금으로 매겨져 있는 경우가 드물며, 웬만한 교차로에는 아예 신호등조차 설치되어 있지 않다. 트리니다드 토바고의 경우, 비교적 생활이 윤택하고 사회기반시설이 전반적으로 다른 나라들보다는 조금 앞선다고 볼 수 있지만, 이곳의 도로사정도 오십 보 백보란 생각이 든다. 국민소득이 상대적으로 높은 탓에 차량보유 인구가 높아, 상황은 오히려 더욱 열악한 것처럼 보인다. 이렇게 열악한 도로사정에도 불구하고, 여태껏 단 한 번의 교통사고를 직접 목격한 적이 없다. 차량이 앞에서 느닷없이 정지하거나, 심지어 양쪽 길을 막고선, 맞은편 차량의 운전자들끼리 한참 이야기를 나눌 적에도 뒤따라오던 차량들은, 잠시 차를 세우고 이들의 대화가 끝나도록 말없이 기다려주는 장면도 더러 목격할 수 있었다. 그 흔한 경적소리 한 번 들어본 적도 없다.

그렇다면, 어떻게 하여 이들은 이처럼 한결 같이 낙천적인 생각과 성격들을 소유하게 되었을까. 서로 참고 기다려주며 이해하며 어울려 살다보니, 질시하거나 아옹다옹 다투거나 비방하는 일도 거의 볼 수 없었다. 비록 사는 것은 윤택하지는 못할지언정, 주어진 상황과 처지에 불만하지 않고 현재 처한 상황을 숙명처럼 자연스레 받아들이며 살고 있기 때문에 마음속에 군더더기들이 생기지 않는 것 같다.

카리브 연안의 소국인 벨리즈에 들렀을 때, 주민들과 미국의 유전개발업자가 나누는 대화를 들은 적이 있었다. 이들의 대화에는 벨리즈 주민들이 평소 지니고 있는 생각을 읽을 수 있었다. 아직, 대형 유전이 발견된 적이 없는 벨리즈였기에, 이 유전개발업자가 당신들 나라에서 유전을 개발해서 지금까지 당신들의 삶을 억누르고 있던 가난으로부터 하루 빨리 벗어날 수 있게 해주겠다고 하자, "우리는 지금 이 대로가 좋으니 제발 있는 자연을 훼손하지 말고 지하수오염이나 시키지나 않았으면 좋겠다."는 지역주민들의 대꾸를

들은 적이 있다. 한마디로 우리는 지금 이대로도 전혀 불편없이 잘 살고 있으니 그런 호의는 필요 없다는 얘기였다. 이들은 아등바등 하면서 악착같이 잘 살아보겠다는 생각을 별로 하지 않는다. 그저 자신들에게 주어진 여건과 일상에 만족하며, 자연에 순응하며 이웃들과도 식구처럼 살아가다보니 이들에게 행복은 절로 따라 오는 것이 아닌가 하는 생각이 들었다. 발전을 추구하면 할수록, 인간의 삶은 오히려 행복과는 점점 더 거리가 멀어지는 것이 아닌지 모르겠다. 발전을 하되, 완급을 조절해서 자연친화적으로 하는 것이 꼭 필요하지 않나 싶다. 인위적인 개발에만 열중하고 있는 우리나라 정부도 각종 개발정책들을 되돌아보며 이들의 자연보호 정책을 타산지석으로 삼았으면 좋겠다.

 그동안 미국과 캐나다에서도 오랜 세월 지내보았다. 만인들이 부러워하는 엄청난 경제력과 국고를 바탕으로 풍요롭게 살아가는 이들 나라의 국민들과 카리브 해역의 국민들이 살아가는 삶의 방식을 비교해보니 예상했던 대로 많은 차이가 있음을 알 수 있었다. 많은 지표에서 선두권을 달리는 이들 국가들이지만, 이들의 행복지수만은 놀랍게도 거의 꼴찌 수준이었다. 왜 하필 이들의 행복지수들은 이토록 바닥을 기고 있는 것일까. 남들이 부러워하는 것들을 넉넉히 가지고서 많은 것을 누리면서 살고 있는 것 같지만, 진실로 행복을 느끼며 살아가는 이들은 실제로 극소수에 불과할 뿐이라는 얘기다.

그렇다면 이런 아이러니는 도대체 어디에서 유래하고 있는 것일까. 나의 경험에 비추어 볼 때, 출세경쟁의 심화, 만연한 개인주의, 인종문제, 엄청난 고물가와 생활고, 엄청난 세금부담, 직장의 과도한 업무량, 불안정한 고용정책과 높은 실업, 높은 이혼율, 끊이지 않는 범죄 등. 카리브 해 연안국들에서는 고민할 필요가 없는 수많은 일들이 선진국이라는 나라에서는 핫 이슈가 되어 생활전반에서의 여유를 앗아가고, 가중된 스트레스를 안겨다 주면서 삶의 행복도 실종이 되지 않았나 싶다.

카리브 해역의 국가들과 선진국들의 상반된 삶의 양식과 질을 감안할 때, 물질적으로 많은 것을 소유하고 누린다는 것이 결코 행복의 선결조건이 아닌 것임을 극명히 보여준다. 물질적 풍요는 자칫 불행과 비극의 씨앗일 뿐, 도리어 우리의 삶을 삐걱거리게 만들고 황폐하게 만드는 원흉이 아닐까. 양극의 세계를 직접 보고 느낀 개인적인 소회를 말하자면, 좀 부족하고 없이 산다 싶어도 상호이해하고 나누는 생활태도가 자리잡을 때, 모두가 즐겁게 살 수 있는 '행복의 토대'가 마련되는 것이 아닐까 싶다. 자연에 순응하고 서로 함께 노력해서 가꾸어낸 행복의 토대가 마련되어야 그 기반위에서 개인의 행복들도 꽃을 피울 수 있지 않을까 싶다.

지나치게 경쟁하거나 상반된 견해로 서로를 피곤하게 하거나 물고 늘어지는 삶을 지양하고, 주어진 여건에 감사하며 주변을 서로 되돌아 볼 수 있을 때 행복은 성큼 우리 곁에 다가와 있지 않을까. 주변에 불행이 널렸는데, 나 하나만 행복하다면 그것이 과연 진정한 행복일까. 세상은 모두 비바람에 휘청대고 있는데, 나 혼자만 백일몽을 꾸고 있다면 과연 마음이 편할까. 나의 행복은 결코 주변의 불행으로부터 자유로울 수 없다. 나와 네가 손을 잡고 우리가 되어 함께 공을 들여 행복의 토대를 가꾸는 노력이 없는 한, 행복에의 꿈은 요원할 것이다. 서로 이해하고 양보하며 용서하고 화해하는 행복의 토대가 마련되어있지 않다면 행복은 그저 하나의 허상이자 공허한 메아리일 뿐이다.

단단한 행복의 토대위에서 서로가 조화를 이루며 살아갈 때, 개인들이 바라는 행복도 찾아오지 않을까. 개인이 누릴 수 있는 행복의 파이도 덩달아 커지지 않을까. 부익부 빈익빈으로 지나친 부와 계층의 양극화 현상이 나타나거나, 파벌이나 집단이기주의 등이 난무하는 사회에서 개인이 누릴 수 있는 행복의 파이는 그만큼 작아질 뿐이다.

눈앞의 물질적 풍요와 편리함만을 따르고 추구할 것이 아니라, 더불어 행복해질 수 있는 행복의 토대를 닦는 노력이 절실히 필요한 현대문명사회이다. 불행과 비극을 벗어나야 하건만, 오히려 점점 더 그 늪으로 빠져들고 있다는 느낌이 드는 것은 웬일일까. 행복의 토대를 마련하기 위해 각자의 위치에서 무엇을 해야할 것인지 정말 진지하게 지혜를 모아야할 요즈음이다.

바람 부는 세상

 내가 가는 길엔 늘 크고 작은 바람이 불었던 것으로 기억된다. 내 젊은 날의 바람은 아침안개처럼 조용히 머물러 있던 열정들을 한바탕 회오리처럼 휩쓸고 가기도 했고, 변화무쌍한 모습으로 매복해 있다가 빈틈만 보이면 매서운 맹수처럼 휘몰아 부쳤다. 희망과 절망이 교차하던 중요한 시기에 설 때마다 사정없이 불어 닥치던 것도 바람이었다. 가끔은 희망의 이름으로 또는 절망의 이름으로 다가서며 늘 나를 혼돈스럽게 했던 바람도 이제는 내 삶의 일부로 여기며 애써 바람이 무디어 가기를 바라고 있는지 모른다.
 평온한 항해를 하고 있을 때, 난데없이 나타나 타고 있던 삶의 배를 뒤흔들며 매몰차게 다가서는 세찬 바람들을 만날 때는 가끔 무풍세상을 부러워하기도 하였으나, 그래도 바람 부는 세상에서 바람결에 순응하거나 가끔은 마주 서보며 삶의 보폭을 조절하며 살아 갈 수 있었음은 오히려 다행이기도 하다.
 무풍세상 예찬론자라며 어쩌면 이렇게 말할 수도 있을지 모르겠다. 바람결에 머리 헝클어질 염려 없으니 성가실 일이 없겠고, 이따금 눈 속으로 침입한 티끌로 고생할 일도 없을 것이다. 때로 집중호우를 동반한 엄청난 태풍의 공포로부터 해방될 수 있을 것이며, 심술궂게 여인의 치맛자락을 걷어 올려 당황하게 하는 일도 없을 것이며. 억센 바람에 우산살이 망가질까 염려하지 않아도 될 터이고, 비오는 방향으로 우산을 비스듬히 받쳐 들지 않아도 옷 젖을 걱정은 하지 않아도 되는 데다, 매서운 바람이 동반되지 않으니 웬만큼 기온이 내려가도 춥지 않아서 좋을 성싶다. 성가신 황사현상 때문에 신경을 곤두세울 필요도 없지 않은가.

아무리 무풍세상을 찬미해도 선뜻 이런 주장에 동의할 수 없음은 바람 부는 세상에서 부대끼며 살고 있음이 그래도 낫기 때문이다. 세상을 떠돌아다니는 공기덩어리 간의 불공평함을 해소하고 달래주는 것이 곧 바람이다. 더운 지방의 지나친 열기와 습기를 거두어 추운 지방에 온기를 불어넣어 주는 것도 바람이다. 우리의 무미건조한 삶에 온기를 불어넣고 허전한 마음들을 어루만져 주는 것도 바람이다. 가끔 우리의 덥고 갈증난 폐부를 후련하게 씻어주고 달래주며 스쳐 지나가는 한줄기 바람이 있기에 삶의 여유와 활력을 얻으며 고달픈 삶을 기꺼이 감당하며 살아갈 수 있지 않을까.

바람 부는 세상에서 살다보니, 바람 따라 흔들리고 부대끼며 느끼고 생각하며 살아가지 않을 수 없는 것이 우리의 삶이다. 삶의 오솔길을 더듬어 올라가면, 삶의 길목에서 시시때때 만났던 오래

오래 기억에 남는 바람은 누구에게나 있을 것이다. 기억의 저 편에서 오래도록 지워지지 않고 마음속에 머물러 있다가 가끔씩 향수를 불러일으키는 잊을 수 없는 바람들이 물론 나에게도 있다.

아직 젖냄새가 가시지 않은 동생의 조막손을 잡고 초등학교 1학년 첫 봄소풍을 가던 날, 봄 동산 위에서 만났던 그 따스한 날의 봄바람. 나의 기억에서 가장 오래 머물고 있는 따뜻한 바람이다. 오랫동안 동심의 꿈과 희망을 심고 키워주던 바람이었기 때문이다.

어릴 적 여름방학 때 시골에 가면, 모처럼 시골을 찾은 손자가 더위와 모기 때문에 잠을 설칠까봐 할머니께서 밤이 이슥토록 노란 창호지 부채를 천천히 부치시며 만들어 주시던 그 잔잔한 부채바람도 잊을 수 없는 바람이다. 할머니의 정성어린 손길이 어린 동심에 고스란히 전해지고 담겨지던 가이없던 사랑의 바람이었기 때문이다.

청소년 시절, 큰 병에 동반한 고열로 나의 온몸이 펄펄 끓어 대학병원에 입원 했을 때, 형님과 간호사 누나가 틀어 주던 천장에 매달린 그 냉습한 선풍기 바람도 잊지 못한다. 형님과 간호사 누나의 따뜻한 정성이 전해져 모진 병마를 극복하고 건강을 되찾아 일상으로 돌아갈 수 있게 해준 고마운 바람이었기 때문이다.

도저히 방안에서 잠을 이루기가 힘들었던 찜통 같은 대구의 여름 날씨에 결국 백기를 들고, 당시 집의 2층 장독대 위에 야외 모기장을 치고 누워 있을 때 이따금 불어오던 그 시원한 바람 또한 어찌 잊을 수가 있으랴. 숨이 막히던 그 힘든 날의 여름밤들을 무사히 건너갈 수 있도록 내 손을 잡아주던 바람이었기 때문이다.

대학 시절 땀이 범벅이 되도록 등정을 했던 수많은 산들의 정상에서 만났던, 송골송골 이마에 맺힌 땀을 훔쳐가던 그 바람들도 잊을 수 없다. 시련과 고생의 끝에는 희망과 안식이 늘 기다리고 있다는 진리를 깨닫게 해주던 지혜의 바람이었기 때문이다.

그 추운 겨울날 논산 훈련소에 입소하여 신병훈련을 받던 훈련병 시절, 황산벌 야외교장에 쌩쌩 휘몰아치던 그 모질고 매서운 겨울바람 또한 내 기억에서 결코 사라지지 않는 바람이다. 이후 세상살이의 모진 풍파에도 꿋꿋이 맞설 수 있는 인내와 내성을 키워주고 심신을 단련시켜준 스승과 같은 바람이었기 때문이다.

그 어느 해 신년벽두에 친구와 함께 찾았던 비슬산 정상에서 만났던 매서운 칼바람도 잊지 못한다. 젊음의 기개와 기세로 등정했던 차가운 정상의 사나운 겨울바람을 제압할 수 있었음에 세상일에 맞설 수 있는 자신감을 얻고 그 자신감으로 내 삶을 위한 새로운 진로를 모색할 수 있는 전기를 마련해 준 바람이었기 때문이다.

차를 세 번 씩이나 갈아타고 학교를 다녀야 했던 캐나다 유학 시절, 바람막이 하나 제대로 없는 버스정류장에서 날마다 마주서야 했던 동토의 그 매서운 겨울 밤바람들 또한 내 기억에서 지워지지 않는다. 쉽사리 얻는 세상의 지식보다 고통과 시련의 대가들을 치르면서 하나씩 하나씩 달게 배운 지식과 깨달은 지혜들이야말로 소중한 삶의 자양분이 된다는 것을 직접 체득하게 해준 보석 같은 바람이었기 때문이다.

또 하나 도저히 잊을 수 없는 바람은 태울듯이 내리쬐는 어느 열대 섬의 강렬한 일사광선 아래서, 답사를 다니느라 거의 탈진한 상태에 이르렀을 때, 내 이마에 송골송골 맺혀있던 그 땀을 훔쳐가던 시원한 해풍이다. 가끔 한 번 씩 스쳐가는 한 줄기의 바닷바람이 아니었다면, 그 엄청난 더위를 이겨내지 못하고 무릎을 꿇을 수밖에 없었기에 정말 구세주 같은 바람이었다라고 하지 않을 수 없다.

여자 친구와 교정의 벤치에 앉아 밀어를 나누고 있을 때 아카시아 향기 가득 싣고 다가오던 그 바람과 그녀와 헤어지던 날 거리에 떨어진 낙엽을 이리저리 몰고 다니며 스산하게 불던 바람도 쉬이 잊혀지지 않는 바람이다. 시린 내 마음을 휑하니 비워놓던 늦가을 바람이었다.

바람은 이렇게 다양한 의미가 되어 우리들에게 다가오는 것 같다. 공기의 불균형을 해소시켜 주듯이, 불균형한 아픔이 도처에 널려 있는 세상에서 부와 권력 그리고 명예로부터 소외되어 힘들게 살아가는 수많은 영혼들의 텅 빈 마음을 찾아가, 때로는 그들의 아픔을 외면할 때도 있지만, 이들의 아픔을 어루만져주고 달래어 준다.

바람은 생명이다. 늘 변화무쌍하게 역동하기에 바람은 살아있음을 느끼게 해 준다. 대지 위에 부는 봄바람은 겨우내 싸늘히 식은 대지를 온기와 부드러운 손길로 쓰다듬어 생명의 입김을 불어 넣는 원천이며 생명의 불을 지피는 불씨이다. 수많은 초목들을 어루만져 그들이 형형색색의 아름다운 꽃을 피우게 하고 그들의 향기를 벌과 나비에게 전해주는 전령사이다. 바람은 자유이며 세상의 이곳저곳 유랑길을 떠돌며 배회하는 길손이다. 고향의 내음을 그윽이 머금고 따뜻하게 다가서는 향수이다. 이방인들의 마음에 파도로 일렁이는 그리움이다.

우리네 삶도 시시각각 다가서는 바람 부는 세상에서 바람과 함께 호흡하다가 바람처럼 사라지는 것이 아닐는지. 내 노년의 마음자리에 머물렀다 가는 바람은 강풍이기보다 미풍이나 약풍이었으면 좋겠다. 쓸쓸하고 허전함보다 훈훈함과 여유를 일깨워주는 바람이었으면 좋겠다.

아버지의 위기

아버지!

날마다 부르고 싶지만, 불러볼 수도 없을 만큼 멀리 계신다. 아버지라는 이름 뒤에는 왠지 모를 아쉬움과 안타까움이 항상 도사리고 있다. 마음속에는 바다처럼 충만하고 넉넉한 사랑이 출렁이고 있지만 가끔 건네는 안부전화마저 헛기침으로 버벅대시며 서둘러 끊으신다. 전화비 많이 나온다시며.

체온을 직접 나누는 스킨십보다는 항상 서너 걸음 떨어져 저변에 흐르는 깊고 큰 사랑을 나눠 주시는 분이다. 결코 가볍지 않은 삶의 무게를 홀로 감당하면서, 날마다 스스로를 추스르고 다짐하며 남몰래 속울음을 삼켰으리라. 아버지는 뒷짐을 지고 천천히 걸어가시는데, 세상은 늘 저만치 앞서서 달려간다. 세상과 아버지는 점점 거리가 멀어지고, 달리기 경주에서 서서히 밀리듯이 어느 날 낙오자란 멍에를 덮어쓰고도 자식들 앞에 의연하게 버티시는 당신이 안쓰럽다. 아버지라는 이름만으로도 위엄과 권위가 추상같았던 그 옛날 모습이 그립다.

아버지란 이름이 점점 현실에서 내몰리는 분위기 속에서 아빠란 존재는 날로 그 위상이 높아지고 있는 요즈음이다. 언제부터인가 아버지란 호칭이 우리 주변에서 점점 자취를 감추기 시작하더니 머지않아 사라지게 될 것 같다. 신개념의 아빠가 자리를 잡으면서 이제 아버지란 말은 몸에 맞지 않는 옷처럼 어색하고 낯선 이름이 되고 말았다.

요즈음의 아빠는 더 이상 예전의 아버지로서 살 수가 없게 되었다. 아니 어쩌면, 세상은 아빠에게 아버지로 살아갈 수 있는 여지를 허락하지 않고 있다고 하는 편이 더 맞는 표현일는지 모르겠다. 아이들 등교, 아이들 숙제 봐주기, 가사생활의 분담, 장보는 일, 세탁물 처리 등, 전에 없었던 많은 부분들이 아빠들의 할 일들로 속속 편입되고 있으며 증가일로의 추세에 있다. 자식들에게 항상 무섭고 어려웠던 아버지와는 달리, 아빠는 자상하고 따뜻하며 현실적이고 친숙한 존재이다.

핵가족 제도가 정착되면서 아버지의 아빠화나 탈아버지화 현상은 더욱 가속페달을 밟고 있는 느낌이다. 아버지의 위상과 입지가 갈수록 줄어들어 자칫하다가는 자식에게 짐이 될까봐 전전긍긍 걱정해야 할 지경에 이르렀으니, 아버지들의 위기라고 불러도 과언이 아닐 성싶다. 어쩌다가 이런 지경에 까지 오게 된 것일까. 바삐 돌아가는 세상에서 자칫 무능한 존재로 인식될지도 모를 위기와 도전에 직면하면서, 아버지가 아버지의 역할을 제대로 다하며 살아가는 일이 전에 없이 만만치 않게 되었다.

어느 교민에게 들은 '미국 이민자들의 경우 보호자는 아버지가 아닌 자식들'이라는 말에 새삼 공감이 간다. 정말, 그런 것 같다. 언어와 인종이 다른 이질문화 속에서 하루하루 힘들게 살아가야하는 교민1세대들의 경우에는 아버지의 위상추락이 더욱 심각해 보인다. 이질 문화에 빨리 적응한 자식들이 부모 대신 서류를 읽고 작성하고, 집안문제, 자동차문제 또는 컴퓨터문제 등 많은 일들을 처리하고 해결하는 상황에서 아버지의 설 자리는 더욱 좁아지고 있는 실정이다.

세상의 변화에 빨리 적응해가는 아이들에 비해 현상유지 또는 오히려 퇴보의 행보를 보여주는 우리 아버지들이다. 자식들과의 격차가 심화되면서, 점점 힘없고 무능한 늙은이 신세로 전락하고 있는 많은 아버지들의 상황을 떠올릴 때마다 착잡한 심정을 금할 길 없다.

복고적인 아버지 예찬론을 펼치면서, 아빠의 명찰을 떼고 그 옛날로 회귀하자고 이 글을 쓰는 것은 결코 아니다. 지금 아빠로 살고 있더라도, 아버지란 존재가치의 소중함과 고귀함이 결코 간과되거나 잊혀져서는 안 되겠다는 작은 염원을 담고 있다. 비록 현실적으로 보면 점점 무능해지고 그 위엄과 존재감이 많이 줄어들었다 할지라도, 오랜 삶의 연륜에서 묻어나는 지혜와 여유, 그리고 넉넉한 사랑과 포용력으로 세상의 느티나무 같은 존재로 오래오래 기억될 수 있었으면 하는 바람이다.

　빠르게 변해가는 세상 속에서 아버지들이 놓치고 잃어버리는 것들이 하나 둘이 아니겠지만 그 존재의 보루와 같은, 자식으로 부터의 존경심마저 잃어버려서는 안 되겠다는 생각이다. 그 어느 때보다도 아버지들의 분발이 필요한 요즈음이다.

망각의 축복

 어디선가 읽었던 글에 인류의 발명품 가운데 가장 위대한 것은 지우개라는 글귀가 있었다. 잘못 쓴 글이나 내용을 지울 수 없다면 얼마나 괴로울까하고 생각하니 참 일리 있는 말이라 생각되었다. 늘 실수를 하며 살아가는 것이 사람일진대, 자신의 실수나 잘못을 지울 수 없거나 고쳐 쓸 수 없다면 시시때때로 내려누르는 심리적 부담감과 중압감에 날마다 밤잠을 설쳐야 할지도 모른다.

 요즈음은 1개에 10만원이 넘는 지우개도 있다지만, 제 아무리 성능 좋은 지우개라 해도 꾹꾹 눌러쓴 글씨를 아무런 흔적도 없이 지우기는 어려울 것이다. 우리의 기억체계 속에도 다행인지 불행인지 몰라도 지우개 장치가 마련되어 있다. 망각이라는 지우개가 그것이다. 보통의 지우개처럼 쓱쓱 한 번에 지우지 못하는 단점이 있다.

 시간의 도움을 얻지 않으면 힘을 제대로 발휘하지 못하며, 나이가 들어감에 따라 오히려 파워와 성능이 향상되는 요상한 지우개이다. 제아무리 성능 좋은 지우개라 할지라도 볼펜이나 잉크글씨를 지울 수 없듯이, 망각의 지우개는 우리 기억의 평판에 선명하게 각인된 삶의 자국과 흔적들은 평생 지우지 못한다. 조금 전에 읽고 들은 이야기는 금방 지울 수 있어도, 수십 년 전에 누구에겐가 들었던 억울한 꾸중들은 평생토록 지울 수 없는 지우개다. 하여, 그리움, 향수, 미움, 증오, 원한 같은 삶의 아픈 흔적들은 아무리 세월이 흘러도 쉽사리 지워낼 수 없는 취약점이 있다.

세상을 살아가는 동안 우리들의 기억세포 속에는 수많은 기억의 정보들이 저장되어 왔다. 이 가운데서, 나에게 필요치 않은 증오나 미움의 기억들만 선택적으로 지워지고, 기쁨과 환희 등의 좋은 기억의 편린들만 남을 수 있다면 늘 행복할 수 있을 텐데. 하지만 망각의 지우개는 우리의 이런 바람을 외면하기 일쑤이다.

오히려 꼭 기억하고 싶은 중요한 내용들을 새까맣게 지워놓아 우리를 혼란스럽게 하거나 자칫 낭패에 빠트리기도 한다. 한때, 우리나라에서 인기리에 방영되고 이웃나라 일본에서까지 신드롬을 불러일으킨 어느 드라마에서 남자주인공이 교통사고를 당하여 지나온 과거를 전혀 기억하지 못하는 바람에 보는 이들의 마음을 안타깝게 만들었던 적이 있다. 이처럼 사고나 병에 기인하지 않는 한, 우리의 모든 기억들은 결코 깨끗이 사라질 수는 없다. 만일 그런 지우개가 있어, 지나온 삶의 기록들 가운데 기억하고 싶지 않은 부분들만 선택적으로 지울 수 있다면, 이들은 흔적없이 지워

버리고 새롭게 출발하고 싶다는 꿈을 누구나 한 번씩은 가져 보지 않았을까. 불행히도, 망각의 지우개는 우리의 이런 욕망도 충족시켜주지 못한다.

살아오는 동안에 내가 획득한 총 정보량 가운데, 내 기억의 그물에 여태껏 머물러 있는 정보량은 과연 얼마나 될까? 언젠가 스스로에게 이런 우문을 던져보기도 했다. 물론, 진지하게 정확한 수치를 알고자 했던 것은 아니었고 그냥 단순한 호기심을 가져 본 정도였다. 일시적으로 내 의식, 무의식의 그물에 포획되었다가 가드를 내려놓는 사이 작별인사도 없이 스멀스멀 내 기억의 그물을 벗어난 정보들은 다른 사람들의 기억그물을 또 그렇게 벗어난 다른 정보들과 함께 정보의 바다에서 유유히 유영하고 있을 것이다.

성능이 더욱 강력해진 망각기능 덕분에 한때 촘촘했던 내 기억의 그물망도 세월과 더불어 점차 느슨해졌다. 그러자, 내 기억그물을 탈출하는 정보의 엑소더스도 하루가 다르게 심화되면서 가속페달을 밟고 있다. 사실, 10여 년 전까지만 해도 내 기억의 그물은 촘촘하여 그래도 쓸만 했던 것 같다. 친구의 생일이나 전화번호, 중요한 날짜나 년도 암기 등등. 비교적 세세한 것들까지 내 기억의 그물망 속에 꼼짝없이 붙들려 있었지만, 지금은 가끔 집 전화번호도 잊는 것은 물론, 은행계좌번호나 운전면허증번호도 매번 수첩을 열어보아야 한다.

머리가 팽팽 돌아가던 젊은 시절엔, 평소에 탱탱 놀다가도 하룻

밤 벼락치기로 학점을 건져 올리곤 했던 성능이 그리 나쁘지 않았던 그물이었는데. 세월 따라 바람 따라, 내 기억의 그물코도 여기저기 터지고, 망각의 지우개와 손을 잡으면서, 점점 기억의 공동화 조짐을 보여주고 있는 것이다. 남의 나라 얘기처럼 들리던, 건망증이라는 불청객의 왕래가 잦아지고, 이 때문에 예기치 않은 상황들이 심심찮게 맞닥뜨리곤 하는 작금의 실상을 보면서 혼자 쓴 웃음을 짓곤 한다.

하지만 망각 때문에 얻을 수 있는 보너스도 없지 않다는 논리를 전개하며 자기합리화에 가까운 항변을 늘어놓기도 한다. 잃는 것이 있으면 얻는 것이 있고, 얻는 것이 있으면 잃는 것도 있는 것이 세상살이의 이치가 아니던가. 우리가 경험한 모든 것들이 정교한 지식으로 차곡차곡 분류되어 내 기억의 창고에 컴퓨터 데이터베이스처럼 저장되어 나의 모든 일상을 지배한다고 상상을 해보면 오싹 소름이 끼친다.

얼마 동안 기억의 창고에 머물러 있다가 유통기한이 지나면 모르는 사이에 절로 용도폐기 되는 망각기능이 있음에, 우리는 아프고 슬프고 힘들었던 지난 순간의 기억들을 까마득히 잊고 그때그때 찾아오는 행복감을 즐겁게 맞이할 수 있지 않을까.

살아오는 동안 누구에게나 아름다운 기억들과 더불어 불행했거나 슬펐던 기억들 또한 많이 있을 것이다. 만일, 좋지 않은 기억들이 체계적으로 빼곡히 자료화되어 정리보관 되어 날마다 우리들

곁에 머무르며, 끊임없이 미움, 아픔, 슬픔, 원한, 후회 등의 감정으로 휘둘린다면 우리의 삶은 얼마나 황폐하고 끔찍할까.

나이를 먹을수록 점점 더 몸집을 불리며 방대해질 좋지 않은 기억들을 날마다 껴안고 가슴 아파하며 살지 않도록 망각의 성능도 함께 향상시켜 주신 것이 아닐까하는 생각이 든다. 힘들고 고통스런 기억들을 대부분 잊을 수 있기에 즐겁고 행복하게 지낼 수 있도록 배려한 우리의 오묘한 망각기능이란 것이 어쩌면 조물주의 사려 깊은 축복인지도 모른다.

꼭 필요한 정보들의 유실이나 망각에 대한 걱정은, 요술단지처럼 등장한 컴퓨터라는 더없이 충직한 일꾼들에게 맡기면 되는 세상이 되었다. 거기다가, 우리에게 망각의 손실을 벌충할 수 있는 경험과 이를 통해 얻은 통찰과 지혜라는 보완장치와 선물상자들이 함께 마련되어 있으므로, 우리가 이 세상을 큰 무리없이 살아갈 수 있으니 얼마나 다행인가.

마음과 생각

　세상에는 마음의 상처를 안고 살아가는 이들이 많다. 누구나 번민과 시름없이 늘 밝고 편안한 마음으로 즐겁고 행복하게 한 평생 살다 가길 바라지만 불행히도 세상사는 우리의 바람처럼 전개되는 경우가 오히려 드물다. 수시로 사람의 마음에 짐을 지우거나 고통을 안겨주면서, 단 하루도 근심걱정 없이 살아갈 수 있도록 호락호락 내버려두지 않는다.

　마음이란 내 안에 있는 오만 가지 생각들을 저장하는 보이지 않는 무형의 복잡한 하드디스크 같은 것이지만, 컴퓨터 하드디스크와는 달리 마음대로 저장하고 지우며 복사하고 옮겨 붙이는 작업들을 완벽히 구현할 수는 없다. 세상의 번뇌들은 잊고 싶다고 언제든지 지울 수 있는 것이 아니며, 반면에 좋은 생각들을 오래오래 저장해 두고 싶다고 해도 그렇게 될 수 있으리라는 아무런 보장도 없는 것이 우리의 마음인 것 같다.

　내 것이지만 내 멋대로 좌지우지할 수 없는 것이 또한 사람의 마음이다. '결심'하다는 말이 마음을 정하고 붙들어 둔다는 뜻이지만, 실제로 그렇게 하기란 쉽지 않다. 마음을 정하고 흔들림 없이 지키는 일이 얼마나 어려운지 누구나 잘 안다. 하루에 열두 번도 더 시계추처럼 왔다 갔다 하는 것이 우리의 마음이다. 이 갈대 같은 마음을 붙들고 한 평생을 살아갈 수밖에 없는 것이 우리의 삶이다.

 불완전하고 모순투성이인, 수시로 흔들리고 모난 마음을 붙들고 날마다 씨름하며 살아야하는 운명. 이것이 우리들의 현주소이다. 럭비공처럼 언제 어디로 튈지도 모르는 마음을 달래고 추슬러가며 한 평생을 노심초사하며 살아갈 수밖에 없는 우리의 인생. 그래서 산다는 것 자체가 길고도 험난한 고행이라는 생각이 들기도 한다. 수시로 우리의 생각과는 따로 움직이는 행태를 보여주는 마음이기에, 혼란과 고통에 빠져 허우적거리기도 한다.

 우리의 마음은 원치 않는 불신, 증오, 원망, 질시, 오만, 편견, 실망, 낙담 등과 같은 부정적인 생각의 찌꺼기들에게는 비교적 관대하다. 허나, 밝고 좋은 생각들에게는 선뜻 자리를 내어 놓지 않는다. 미움과 증오는 지체없이 발현하나 용서와 이해는 시간이 걸리는 것도 이 때문이다. 이처럼 편의대로 이중 잣대를 남발하는 것이 바로 우리들의 마음이라는 생각이 들 때가 많다. 하여, 삶이란 많은 모순들로 점철되어 있으며, 뚜렷한 기준과 원칙 없이 임의로 적용되는 경우가 많아 혼란에 빠져 삐걱되고 허우적거리기도 한다. 그 정체가 궁금하지만 명쾌한 대답을 구하기도 쉽지 않으니 생각하면 할수록 점점 더 미궁으로 빠지고 마는 도대체 종잡을 수 없는 요물단지이다.

기쁘고 즐거웠던 기억들과 도움이나 은혜를 받고 감사했던 기억들은 잠시 스쳐가는 바람처럼 맞이하고, 원망스럽고 한탄스러웠던 기억, 저주스럽고 불행했던 기억, 서럽고 슬프고 서운했던 기억들은 신주단지처럼 오래오래 모셔둔다. 부정적인 생각이나 기억들은 한 번 찾아들면 요지부동이다. 마치 평생 전세 낸 것처럼 우리 마음속에 단단히 뿌리를 내리고 떠날 생각을 않는다.

우리들의 마음이 온갖 부정적인 생각들, 응어리나 앙금들로 들어차면, 세상을 온통 부정적으로만 인식하게 하는 편협한 생각들이 뿌리를 내리기가 쉽다. 바르고 균형 잡힌 생각을 지니고 살아가려는 사람의 판단력을 흐려 놓거나 덧칠을 해서 왜곡시켜 버린다.

오랫동안 많은 얘기를 나누어 온 어느 지인이 있다. 자산가의 아들로 태어나 누구 하나 부럽지 않은 젊은 시절을 보냈지만 물려받은 자산을 모두 소진하고 이제는 남의 허드렛일이나 도와주는 처지다. 삶의 파장과 기복이 워낙 컸던 탓인지, 원래는 영혼이 맑고 고왔던 이 분의 마음이 점점 세상에 대한 원망과 증오로 가득 차 있는 듯하다.

자신의 바람과는 다른 행보를 보여주는 세상이 원망스러웠던지, 주변사람들에 대한 원망과 증오의 생각들을 가득 늘어놓다가 마지막엔 신세한탄에 이른다. 나와 만날 때도 늘 이런 식이다. 사람들 또는 세상으로부터 받은 상처들이 증오심과 적개심으로 나타난다. 이런 증오심의 응어리는 시간이 흐를수록 줄어들기는커녕 오히려 커져만 가는지. 최근에는 거의 포화상태에 이르러 혼자 주체하기도 버거워 보인다.

그 모습이 안타까워 가끔 좋은 글을 접하며 긍정적인 생각들만 하시라고 조언해 드리지만 잠시 뿐이다. 좋은 생각들을 수용할 공간이 거의 남아 있지 않는지. 설령 채울 공간이 있다 해도 부정적인 생각들만 가득한 마음속에 기운을 펴보지도 못하고 밀려나는 모양이다. 오랜 세월 동안 단단히 굳어진 응어리들이라 거품처럼 쉽게 사라질 것 같지도 않으니 못내 안타까운 마음뿐이다.

이 분과 자주 얘기를 나누다보니, 사람의 마음은 촘촘한 그물로 만들어진 주머니와 같다는 생각을 갖게 된다. 원망과 응어리 같은 입자들은 눈덩이처럼 커지고 단단해지기 전에 잘만 컨트롤하면 마음의 그물망을 빠져 나갈 수 있지 않을까 싶다. 계속된 증오와 원망으로 그 응어리의 입자가 점점 자라고 단단히 뭉쳐지면 그물망을 벗어나는 것이 점점 어려워지고 결국은 불가능한 일이 되고 말 것이다.

안타깝게도 좋은 느낌과 생각들은 부정적인 그것들처럼 강력한 응집력을 발휘하거나 단단하게 뭉쳐지는 힘이 미약한 것 같다. 크고 단단히 응집되기 전에 안개나 구름처럼 마음속에 잠시 머물렀다 스르르 사라지는 경우가 많다. 이 때문에, 좋은 생각들을 응집시키고 뭉쳐서 마음의 그물 속에 오래오래 간직하기 위해서는 많은 노력과 공을 들여야 되지 않을까 하는 생각을 해본다.
 부정적인 생각들은 강한 응집력으로 금세 불어나고 뭉쳐서 무겁고 단단한 응어리를 만들어 내는 것 같다. 그래서 한 번 찾아든 부정적인 생각의 응어리들은 그물망을 벗어날 수 없을 만큼 몸집을 키우며 커진다. 엄청난 고행이 수반되는 마음의 수양과 수련에 힘써서 이들을 녹여내지 못하면 촘촘한 마음의 그물망을 결코 완전히 벗어나지 못할 것이다.
 지금이라도 마음의 수련을 거듭하여 마음의 그물을 가득 채우고 있는 그 응어리들을 용해시키는 일을 시작하셔야 할 것 같다. 그물이 제아무리 촘촘한들 그 응어리들이 녹은 유동체로 바뀐다면 틈새를 찾아 저절로 알아서 빠져 나갈 것이다. 그 앙금과 응어리들이 하루 속히 용해되고 정화되어 원래의 밝고 맑은 마음을 회복하셨으면 하는 바람을 가져 본다.
 마음속을 채우고 있는 그 무겁고 부정적인 생각의 응어리들을 걷어내고 가볍게 비울 수 있다면 세상을 보는 눈도 전과 달리 온통 낙원으로 보이지 않을까. 겉으로 보기에는 똑같은 세상이지만, 본인의 생각과 마음의 상태에 따라 지옥이 될 수도 천국이 될 수도 있을 것이다. 마음이 가벼워지면 이전에 걸림돌로 보이던 것들이 오히려 디딤돌로 보이지 않을까. 누가 그랬던가.
 '마음 하나 잘 다루면 온 세상을 다 얻은 거나 같다.'

내 작은 마음주머니

　내가 사는 동네 근처에는 가로수들이 울창하게 줄지어 늘어 서 있는 경관이 아주 수려한 도로가 있다. 우리 아파트에서 한국가게로 장을 보러가거나 하이웨이로 진입하자면 반드시 이 길을 경유해야만 하기 때문에 평소에 자주 이용하는 길이다.
　이 도시로 이사 온 지 얼마 되지 않아 처음으로 이 길과 마주했을 때 시원시원하고 키가 큰 가로수 고목들이 어깨들을 맞대고 늘어선 멋진 장면에 감탄했던 기억이 난다. 지난 주말 어디 갔다가 오는 길에 문득 이 길을 처음 봤을 때 환호했던 당시의 기억이 떠올라 혼자 이런저런 상념에 젖어 들었다.
　도로는 그 당시 이후 조금도 바뀐 것 없이 그냥 그대로이건만, 내 마음은 어느새 익숙함이란 중력에 눌려 그동안 많이 무뎌져 있음을 문득 깨닫게 되었다. 그렇다. 길은 늘상 같은 그 길이건만, 그동안 자주 이 길을 오고가면서 그 당시의 감격은 슬금슬금 자취를 감추고, 어느새 빛바랜 수채화처럼 별 감흥이 없는 그저 그런

길로 바뀌어져 버린 것이다. 짙푸른 초록빛의 싱그러움이 여전히 생동하고 있음에도 내 마음 속에서는 그 빛이 사라지고 말았던 것이다. 이처럼 익숙함이란 흡인력 강한 타성의 스펀지 속으로 빨려 들어가 흥미와 관심을 잃고 중요한 의미와 사실을 놓쳐 버린 일들이 내 생활주변에서는 없는지 되돌아보고자 했다. 냉정하게 내 삶을 돌이켜보니, 초심을 잃고 타성에 이끌려 나도 몰래 주어진 상황에 안주하고 말았던 일이 적지 않은 것 같다.

불현듯이 현재 나를 둘러싸고 있는 행복도 이런 것이 아닌가 하는 생각이 들었다. 늘 감사하고 고마워해야 할 행복들이 내 곁에 머물고 있건만, 반복되는 익숙한 일상 속에서 어느새 그 행복은 실종되고 오히려 불행의 그림자를 밟고 있는 것처럼 착시현상 속에 살아온 것은 아닐까. 신기루처럼 멀리 있는 뜬구름 같은 행복을 좇느라 귀한 시간들을 헛되이 낭비하고 있는 것은 아닌지, 냉정하게 돌아 볼 일이다. 어쩌면 현재의 내 삶이 행복의 문턱을 넘어 그 길을 가고 있을진대, 마치 마귀의 현혹적인 마술에 걸려 행복이 불행으로 둔갑하여 주어진 현실에 대하여 볼멘소리를 늘어놓았던 것은 아닌지 모르겠다.

지금 행복과 동행하면서도 행복을 깨닫지 못하거나 인정하지 못하는 어리석음, 비록 넉넉한 살림은 아니지만 다섯 식구 모두 건강하게 자신에게 주어진 일과 역할에 충실하며 무탈 무고함, 이들의 작은 몸짓 하나하나가 소소한 행복일 수 있건만 왜 현실에 대한 불만들이 자꾸 고개를 쳐들기 시작하는 것인지 모르겠다. 다시, 초심으로 돌아가 흐트러진 마음을 추스르고 좀 더 자신의 현실을 현명하고 타당하게 직시할 수 있도록 내 삶에 대한 합리적이며 객관적인 균형감각을 잃지 말아야겠다.

똑같이 주어진 현실이건만 초지일관하지 못하고 흔들리는 마음과도 단호하게 이별하고 싶다. 같은 현실을 행복으로 받아들이며 긍정적으로 평가하느냐 아니면 불행으로 인식하고 부정적인 생각으로 일관하느냐. 같은 현상이나 처지를 어떤 시각으로 보느냐의 현실인식에 대한 차이는, 삶을 대하는 태도에도 크나큰 차이를 낳을 것이다.

행불행도 결국 내 마음에서 유래하는 것이고, 이 마음에 좀 더 넉넉한 공간과 여백을 둘 수 있다면 행복은 늘 내 곁에서 함께 하리라고 믿는다. 각자의 마음속에 온 우주가 있다 했거늘 어쩌다가 내 곁의 작은 행복도 미처 깨닫지 못하는 눈 뜬 장님이 되고 말았는지. '같은 이슬을 먹어도 뱀이 먹으면 독을 만들지만, 젖소가 먹으면 우유를 만든다'는 말이 있듯이 모든 것이 나 자신의 마음가짐에 달려 있건만, 스스로 불행의 굴레를 씌워 여유를 잃어버리곤 했던 지난날을 반성해본다.

멀리 있는 행복들을 쫓아 귀중한 시간들을 낭비할 것이 아니라 내 곁의 가까운 행복을 가꾸고 키워나가는 것이 무엇보다 중요한 일이다. 눈과 마음을 분리하고 가려 놓았던 장막들을 걷어내고,

이기와 욕심, 그리고 불만으로 채워진 마음속의 공간들을 비우고 싶다. 대신, 그 여백과 여유 공간에다 그동안 잊었거나 모르고 지내왔던 내 주변의 작은 행복들을 차곡차곡 채워 넣고 싶다. 내 마음의 주머니는 내가 원하는 모든 것을 마음껏 담을 수 있기에는 턱없이 용량이 부족한 듯싶다. 좋은 것, 유익한 것을 새롭게 채우자면 이미 담긴 부정적인 요소들부터 비워내는 마음 수련이 필요하다.

잃어버린 것들

 대대로 흙을 터전으로 삼고 살았던 우리의 삶에 커다란 변화가 왔다. 기계문명이란 괴물이 출현하면서 우리의 엑소더스가 시작되었다. 이 괴물의 이간질로 사람과 흙의 오랜 근친관계에 서리가 내리고 말았다. 아래의 닫힌 공간보다는 위로 열린 무한공간을 선망하고 정복하는 시대가 도래하고 있다.
 너도나도 '저 높은 곳을 향하여'를 외치며 공간점령의 무한경쟁 시대를 살고 있다. 덕분에 나 같은 서민들도 구름 위에 그림 같은 누각을 짓고 세상을 굽어보며 살아갈 수 있게 되었다. 고공비행을 멈출 줄 모르는 도심에 우뚝 솟은 빌딩들과 아파트. 이 거구의 콘크리트구조물들이 바둑판처럼 짜여진 도시들. 밤이 되면 불야성을 이루는 역동적인 삶의 조각들이 넘쳐나는 현장. 그런데, 이토록 찬란한 생활공간 속에서 살아가는 현대인들의 입에서 오히려 볼멘소리가 자주 들려오는 것은 웬일인가. 어찌하여 인정은 구름처럼 떠나버렸고 온기는 싸늘한 시멘트 바닥에 묻혀 버렸는가. 어느새 딱딱한 공간과 틀 속에 갇혀 버린 우리들의 일상이 되었다. 이런 공간 속에서 방황하는 삶과 시간들이 파편처럼 쪼개어지고, 양초처럼 연소하며 무참히 녹아내리고 있다. 느닷없이 등장한 괴물 같은 세상에 가위 눌려 초조함과 두려움 속에 살아가는 이들의 한숨소리가 사방을 스모그처럼 채우고 있다.

'발전과 번영'을 기약하는 특급열차에 탑승하고선 무릉도원을 꿈꾸며 열심히 내달렸던 우리들. 신기루 같은 무릉도원은 도대체 어디에 숨어있는 것일까. 바라던 무릉도원은 좀처럼 정체를 드러낼 줄 모르고, 너나없이 사람들은 모두가 자신은 불행하다고들 한다. 전에 없이 빨라진 삶의 템포에 정신을 차릴 수 없다고 이구동성으로 하소연이다. 자칫 한시름 놓고 여유를 즐길 참이면, 어느새 저만치 달아나는 세태를 뒤쫓기에도 숨이 찰 지경이다. 뒤늦게 정신을 차리고 웰빙이다, 생활환경개선이다 감미로운 구호들이 난무하지만, 정작 내용은 속빈 강정들이다.

지구상의 영원한 파라다이스, 카리브 해역의 소국에서 얼마간 지내는 동안, 바쁜 일상에서 비켜서게 되는 기회가 있었다. 모쪼록, 여유를 갖고 이들의 삶을 관찰하게 되었다. 이들의 일상과 주변 환경에 대해 관심 있게 지켜보니, 우리가 잃어버린 것들과 떠내려 보낸 것들이 그곳에 보이기 시작했다. 이미 용도폐기된 것들을 그들은 여전히 삶의 귀한 요소들로 간직하고 있었다. 우리들에게서 멀어져간 흙을 기반으로 살아가고 있는 모습이 오히려 자연스럽고 평온해 보였다. 우리가 잃어버린 삶의 여유도 고스란히 품고 사는 그들이 부럽기도 했다. 번영과 현대화의 논리를 앞세워 우리가 마구 버리고 외면한 것들이 그들의 생활 곳곳에 존재하고 있었다. 사람의 훈훈한 온기와 여유, 이해와 양보, 자연, 대자연의 숨결, 대가족, 부드러운 바람이 자유롭게 드나드는 한적한 골목길, 낡은 건물과 가옥들, 정비되지 않은 길. 흙냄새, 자유로운 가축들. 어딜 가나 낙후된 생활환경이지만 나름대로 평화롭고 생명력이 넘치는 모습을 볼 수 있었다.

의도되고 기획된 아름다움과 부자연스러움보다는 자연스러움이 생활 가운데 그대로 스며있다고 할까. 어딜 가나 자유로운 사람냄새가 넘쳐나고 고향 같은 흙냄새에 마음이 푸근해짐을 느꼈다. 개발되지 않은 채, 그대로 눈앞에 다가서는 자연 그대로의 열대림들도 짙푸른 녹음과 넘치는 생명력으로 싱그러워 보였다. 마을 곳곳에 눈에 띄는 골목길들도 정겨웠다. 그 옛날 소꿉친구들을 다시 불러 모아 마음껏 뛰어놀고 싶은 충동을 느끼기도 했다. 외관이 번듯하지는 않아도 살가운 정이 오고가는 집들을 들여다보면서 내 마음도 절로 훈훈해져옴을 느꼈다. 세상에 대한 경계나 가드를 완전히 내려놓고 있을 뿐아니라, 육중한 철문에다 높은 담을 둘러치고, 세상을 향해 노골적으로 접근금지를 선언하고 있는 야박한 주택들은 보이지 않았다. 대문도 밖에서 안이 훤히 들여다보이고, 담장도 있는 둥 마는 둥. 그저, 여기가 내 집이란 표시만 하는 것 같았다. 낮은 담 너머로 흐드러지게 피어 인사를 건네 오는 꽃들도 정겨웠다. 어느 집이던 찾아가서 냉수 한 그릇을 청하면, 그릇이 철철 넘치도록 퍼 담은 맑은 물 한 바가지를 안겨줄 것 같은 분위기다.

　옛날에 흙을 밟고 농사를 짓고 살던 우리네 인심도 이러하지 않았던가. 확 틔워 놓고 이웃끼리 서로 내왕하며 네것, 내것 따지지 않고 아낌없이 나누며 살갑게 살지 않았던가. 무엇에 쫓겨 이렇게 허둥지둥 살아야만 하는지. 우리 삶의 양식이 새장 같은 아파트 공간 속으로 갇히기 시작하면서, 이웃 간의 살가운 정이나 인심들은 슬그머니 꼬리를 감추고 말았다. 이젠 되돌릴 수도, 되찾을 수도 없을 만큼 세월의 벽은 두껍고 인정의 강물은 멀리멀리 흘러가 버렸다. 우리가 잃어버린 것들을 붙들고 아직도 마음이 풍요로운 세상을 살아가는 저들이 부럽다. 삶에 정작 소중한 것들을 우리는 생각 없이 성급하게 마구 버린 것이 아닌가 하는 생각이 든다.

　현대화라는 폭주기관차에 탑승하여 죽으라 앞만 보고 달리는 사이에, 정작 따뜻한 정을 나누며 사는데 필요한 많은 것들을 버린 것은 아닌지. 그들을 버리고 과연 우리가 얻은 것은 무엇인지. 한 번쯤은 생각해 볼 일이다. 삶에 소중한 것들을 쉽게 걷어찼거나 외면하고 잃어버린 것들이 그리워진다. 콘크리트문화 속에 일그러지고 묻혀버린 그 예전의 훈훈한 인심들이 그립다.

사라지는 들성

몇 해 전, 잠시 귀국하여 아버지의 고향마을을 둘러보았다. 구미시가지를 관통하여 서북쪽으로 향하다가 정북으로 바뀌는 길을 따라 한 시간쯤 걸어 들어가면 만날 수 있는 곳이다. 동남의 배고개, 서면의 싸리고개, 동북의 가마고개, 그리고 북의 망장고개로 성처럼 둘러싸인 형상이라 하여 주변 사람들은 예로부터 이 마을을 '들성'이라 불렀고, 이 마을의 주민들을 '들성사람'이라 불렀다.

불과 30년 전만해도, 이 마을은 들성사람들이 부락을 이루고 농사를 지으며 인심을 나누던 여느 시골마을과 다를 바 없던 곳이었다. 풍우의 모진 매를 용케도 견뎌낸 재실과 강학당 대월재 그리고 드문드문 남아 있던 빛바랜 고택들이 이곳이 과거 한때 큰 영화를 누렸거나 향학의 열기가 피어오르던 반촌이었음을 짐작케 한다. 대중교통편도 전무하여 오로지 두 다리의 수고로만 왕래가 가능하던 전형적인 시골이었다.

성장기를 대부분 도시에서 보냈지만, 방학 때면 이 마을에서 생활하며 들로 산으로 뛰어다녔던 터라 나에게는 많은 동심의 추억들이 있는 곳이기도 하다. 당시의 이러한 체험 덕분에, 도시에서 주로 자랐지만 시골의 정서를 그나마 어느 정도는 이해할 수 있었다. 저녁이면 가가호호마다 모락모락 굴뚝에서 피어오르던 연기와 쇠죽 끓이던 냄새가 담을 타고 흘렀다. 하루 일과를 끝내고 대나무 평상에 온 식구들이 두런두런 둘러앉아 먹던 보리밥과 된장국, 풋고추, 찐 호박잎의 구수한 냄새도 그립다. 겨울이면 꽁꽁 언 논에서 그루터기를 피해 썰매를 지치고, 눈 내리는 날이면 뒷산에 올라 올가미를 설치하여 산토끼사냥을 하던 일, 소 풀먹이러 다니던 일, 쇠죽에 쓸 풀을 작두로 썰던 일, 곳간에 있던 곶감이며 고구마를 꺼내 구워서 먹던 일, 원두막에 올라 갓 따온 수박과 참외를 나누어 먹던 일, 원두막에 누워 깜깜한 하늘에 촘촘히 박혀있던 별들을 세고 은하수를 바라보던 일, 해맑았던 나의 동심들이 유리구슬처럼 굴러다니는 마음의 고향이 있다면 바로 여기다.

하지만 이번에 들렀을 때, 인사를 건네 온 들성마을은 더 이상 그 옛날의 아릿한 향수를 자아내는 추억 속의 그곳이 아니었다. 그 옛날 들성사람들의 살가운 정서와 시골의 정취가 머물고 있는 마을은 더더욱 아니었다. 옛 조상들이 남겨둔 자취와 얼은 무자비하리만치 잔혹하게 유린되어 있었다.

그날의 인심과 정서는 온데간데없고 점령군마냥 들어선 골프장과 번듯한 현대식 헬스클럽에다 요란한 간판을 내건 식당들이 들어서

서 터줏대감행세를 하고 있었다. 들성마을 턱밑까지 진출한 고층아파트들은 이제 안방마저 비워내라고 압박하며 옥죄고 있는 듯한 형국이었다. 택시 한 대도 지나가기 힘들던 길도 어느새 4차선 도로로 바뀌어져 있었다. 마찬가지로, 아버지께서 유년 시절을 보내셨던 산자락의 시골집도 목숨이 경각에 달려 있었다. 마치 바람 앞의 등불 같은 서글픈 신세가 되고 말았다. 세상이 빠르게 변하고 있으니, 이 마을 또한 변화와 개혁의 물결을 거스를 수는 없을 것이나, 사람 냄새나던 시골마을들이 이처럼 신속하게 현대식 개발논리에 무너져 버린 것 같아 왠지 아쉽고 쓸쓸한 기분이 들었다.

마을에서 사라진 것은 들성사람들과 고옥들뿐이 아니었다. 시골 친구들과 어울려 신나게 뛰어다니던 확 트인 모래 갱빈(강변)들도 사라졌고, 양쪽으로 줄 지어 섰던 포플러나무들과 그 가지들을 붙들고 여름 한철 내내 목청이 터져라 울어대던 매미들도 떠나갔다. 한가롭게 날아다니던 잠자리들, 집집마다 크고 작은 옹기들이 한 가족처럼 정답게 모여 있던 장독대며 가끔 들려오던 뻐꾸기 울음소리와 수박밭, 참외밭, 그 옆의 원두막도 모두 사라지고 없었다. 사랑채의 툇마루에 걸터앉아 바라보던 문전옥답과 외로이 서 있던 허수아비도 보이지 않았다.

현대화와 개발의 논리 앞에 더 이상 발붙일 곳이 없는 시골인심과 정서가 감쪽같이 사라지고 우리의 전통문화양식의 파괴가 자행되고 있는 곳이 어디 들성마을뿐일까. 이미 사라졌거나, 들성마을처럼 유린되어버린 마을이 전국 도처에 있으리라 짐작된다. 개발의 효과가 자연 질서를 깨뜨리고 전통문화를 훼손하며 기존의 생태계 파괴에 따른 손실을 보전하고도 남음이 있는 것인지, 정말 냉철한 평가와 판단을 내려야 할 것이다.

변해야만 산다는 시대의 흐름과 논리를 거스르자는 것은 아니다. 옛 자취는 모두 귀중하니 무조건 보존하자고 주장하고 싶지도 않다. 다만, 순박한 농민들이 자손대대로 가꾸어 왔던 삶의 터전이나 수백 년에 걸쳐 조성된 자연환경들이 졸속한 개발논리에 밀려 허무하게 사라지지 않도록 정말 신중에 신중을 기하여 판단하고 최선의 대책을 마련해주길 바란다. 개발업자들이 내세우는 달콤한 논리와 선거를 의식한 지역유지들의 개발공약들이 교묘히 맞물리면서, 장기적인 진단평가와 충분한 검토 없이 개발의 성과만 앞세우는 무책임한 전시행정은 아닌지. 냉철하게 반성해 봐야겠다.

이렇게 숨고를 새도 없이 역사의 뒤안길로 물러날 줄 알았더라면, 진작에 들성마을에 들러 사진과 동영상을 찍어 두었을 텐데 하는 아쉬움 때문에 돌아서는 발길이 내내 무거웠다.

아메리칸 진돗개

재작년 초봄 어느 날, 털이 고운 노란 복슬강아지 한 마리를 조카가 데려 왔다. 아직 어미의 젖내가 채 가시지 않은 어린놈이었다. 어미의 품을 떠나 온 게 아쉽고 슬픈지, 몸을 웅크리고 앉아 애처롭게 바들바들 떨고 있던 당시의 모습이 떠오른다.

오래전에 셋방살이하던 시절 어쩌다 우리와 한 식구가 되었다가 주인집 식구들의 눈총을 못 견디고 결국 개장수에게 팔려갔던 '메리'와의 기억으로 더 이상 개는 키우지 않겠다고 다짐을 했었다. 이후에도 어쩌다 녀석을 닮은 견공과 마주치면 메리의 짠한 모습이 떠올라 한동안 마음이 울적해지는 것을 보면 당시 그 아픔이 얼마나 컸었는지 짐작이 간다.

강아지들만 보면 오금을 못 펴는 막내딸의 성화에다 때마침 어린 강아지 한 마리를 분양해주겠다는 제안이 있다 보니 긴 세월 동안 배수진을 치며 수성해오던 다짐이 한 순간에 와르르 허물어지고 말았다. 강아지의 부모는 대대로 혈통을 고스란히 잘 보존해

온 전통 진돗개 집안의 귀하신 몸이라고 했다. 사람으로 비유하자면, 이놈은 명문가 집안의 귀한 도령쯤 되는 셈이다.

어떻게 그 이름을 얻었는지 내력을 자세히 알진 못해도, 우리 식구들은 모두 이 도령을 '준'이라고 불렀다. 자신의 이름을 불러 주면 귀여운 꼬리를 살랑살랑 흔들며 금방 곁으로 다가오는 것을 보면, 녀석도 자신의 이름에 큰 불만은 없는 듯하였다. 오래전부터 강아지를 키우고 싶어 안달이 났던 막내는 마치 친동생이 생긴 것 마냥 흐뭇한 표정을 감추질 못한다. 준이와의 특별한 인연을 생각하면, 이 어린 막내여식의 마음도 뿌듯해지는 모양이다. 전생에 무슨 인연이 있었기에 고향을 두고 멀고 먼 나라에까지 오게 되어 한 집에서 같이 살게 되었을까 궁금했다.

우리의 바람대로 준이는 무럭무럭 자라 주었고, 식구들의 기대에 한 치의 어긋남도 없이 우람한 장골에다 기품을 겸비한 멋진 견공으로 거듭났다. 앳된 강아지의 모습을 완전히 벗고 차츰 늠름하고 믿음직한 청년 진돗개의 면모를 보이기 시작했다. 축 늘어졌던 한 쪽 귀도 빳빳이 일어서고, 가늘던 꼬리도 제법 굵어지고 부드럽게 휘감기며 빳빳이 치켜 올라섰다. 용맹성과 충성심에서 둘째가라면 서러울 우리의 자랑스런 토종개로서, 견공들의 지능을 겨루는 국제대회에서 내로라하는 강자들을 물리치고 당당히 3위에 등극하며 그 명성을 세계만방에 떨쳤던 명가의 혈통답게 그 기품을 잃지 않고 우리들의 든든한 지킴이 역할을 충실히 다하며 아무탈없이 늠름하게 자라준 준이가 그저 고마울 뿐이다.

　준이와 한 지붕 밑에서 동고동락하다보니 개들도 사람들과 다를 바 없이 그때그때의 무드에 따라 표정과 기분이 자주 각양각색으로 바뀌는 것을 알게 되었다. 눈빛과 표정, 그리고 몸짓을 통해 드러내는 분위기를 잘 살피면 녀석의 기분을 잘 헤아리는 것은 그리 어렵지 않다. 그런 만큼 녀석의 기분을 헤아려 배려하고 대응해주어야겠다는 생각이 들곤 하지만, 늘 마음만 그럴 뿐 제대로 실천을 하지 못해 미안한 생각이 들 때가 많았다.

　그 옛날 맹위를 떨치며 밀림 속을 마음대로 뛰어다녔을 먼 조상들의 후예이지만, 지금은 쇠줄에 단단히 묶여 마당 한 구석에서 살아가게 된 녀석의 처지를 생각해보니 측은한 마음이 일어난다. 밀림을 이리저리 쫓아다니며 먹이를 구하던 수고는 덜었지만, 인간이란 무리들 곁에서 목숨을 걸고 충성하거나 눈치를 보며 살아가야 할 운명들이다. 이미 사람들 곁에서 사는 삶에 달콤한 맛을 들인 터라, 밀림으로 되돌아가고 싶은 생각은 추호도 없을지도 모르겠다.

　푸른 초원과 밀림을 누비고 뛰어다녔을 적에 지녔던 야생성은 인간들과의 공생관계가 형성되면서 빠르게 퇴화되어 갔던 것 같다. 자신들의 먹이를 좌지우지하던 인간들의 홀대와 눈칫밥을 꿋꿋이 이겨내며, 인간의 무리들에게 유용한 인자들만 부각되는 형태로 진화를 거듭해 왔을 저들의 행적을 떠올리다보면 왠지 애처롭고 측은한 마음이 든다.

 정글의 세계에서 별 무리없이 살아갈 만큼 신체 조건들이 따라주지 않았던 것 같다. 민첩하고 강한 무리들이 넘쳐나는 밀림에서 백수의 왕자로 군림하기에는 왠지 왜소하며 뜀박질도 빠른 편은 아니었던 것 같다. 나무를 타는 재주도 빼어나질 못했으니 물고 물리는 약육강식의 법칙만 작용하는 밀림에서 살아남느라 전전긍긍 했을 게 틀림없다. 이런 와중에 자신들에게 우호적인 인간이란 종족을 만나서 곁에서 지내보니, 안전하고 마음이 편한데다 먹이까지 챙겨주니 밀림으로 돌아갈 마음이 싹 달아났던 것이 아닐까.

 그냥 빈둥빈둥 빌붙어 지내자니 눈치도 보이고 구박도 심해지니, 인간들에게 봉사할 수 있는 자신들의 책무들을 찾아냈다. 정글에서 사는 동안 살아남기 위해 습득한 비상한 청각과 후각에다 시각의 기능들을 십분 활용, 주인의 재산을 보호하고 사냥을 도와주며 힘을 보탰다. 이로 인해 인간들의 무리들에게 존재가치를 널리 인정을 받게 되면서 오늘에 이르게 된 것이 아닐까 싶다.

 어쩌다 목줄을 풀어주면 온 세상이 제 것인 양 뛰어 다니다가도 이름을 부르면 곧장 주인 곁으로 다가와서 주인의 요구에 순응하는 모습을 보면 본래의 야생성은 거의 희석되었음을 알 수 있다. 긴 세월에 용케도 살아남은 강인한 다리뼈, 날카로운 발톱과 날선 이빨들만이 저들이 한때 밀림을 누비던 야생동물이었음을 짐작게 한다.

자연의 세계를 들여다보면, 천적의 무리들은 많아도 공생의 무리들은 그리 많지 않은 것 같다. 오직 인간이란 무리의 구미에만 맞춰 빠른 템포로 진화를 거듭해온 개라는 종족들의 행보를 생각해보면 참 특이하다는 생각을 떨칠 수 없다. 그 행보는 지금도 멈추지 않고 진화를 거듭하고 있다는 생각이다. 예쁜 옷을 입고 장신구를 달고 다니는가 하면, 비싼 미용서비스와 샴푸 목욕도 받으며, 사람들의 품에 안기어 함께 수면을 취할 정도에까지 이르렀으니, 저들의 눈부신 진화에 입이 다물어지지 않는다. 앞으로 또 얼마나 더 진화를 거듭할지 궁금해진다.

　아프리카 오지에서 기아와 빈곤에 허덕이며 죽어가는 인간의 무리들도 적지 않은데, 저들의 용품과 식품들이 즐비하게 채워진 마켓의 진열대를 지나다보면 세상은 참으로 요지경이구나 하는 생각이 들기도 한다. 마당에 묶여있는 준이를 대하다 보니 개라는 종족에 대한 생각이 자꾸만 많아지는 것 같다. 미국에서 태어났으니 '아메리칸 진돗개'라 해야 하나. 비록 대한민국 국적은 아니지만, 저 녀석의 몸속에 돌고 있는 피는 고스란히 우리나라의 것임에 틀림없다. 준이가 우리와의 인연이 다할 때까지 오래 건강하게 잘 지냈으면 좋겠다.

고마운 일꾼

 직업 탓으로 세상 이곳저곳을 흐르는 수많은 물길을 찾아다녔다. 그러나 가장 정감어린 물길은 역시 산천이 사방에 드리운 우리나라에 흐르는 하천들이다. 젊고 어린 시절에 헤집고 다녔던 개울가, 산자락들이 이토록 오랜 세월 내 맘 저변에 뙈리를 틀고 끊임없이 향수를 자아내는 그리움의 샘이 될 줄 몰랐다.

 맑은 물이 흐르고 이끼가 끼어 미끈한 감촉이 느껴지던 자갈돌이 옹기종기 모여앉아 정겨운 모습을 연출하던 고향의 하천들은 여름방학이 되면 발가벗고 뛰어놀던 우리들 최고의 놀이터였다. 바닥에 널려있던 수많은 자갈들마냥 내 기억들이 올망졸망 모여 있는 실개천들. 이 마을 저 마을 휘어 돌다가 본류의 품을 찾아가던 그 실개천들이었다.

 탐석기행에 빠져들었던 청년 시절엔 전국의 명석(明石)을 찾아다니며 하천에 널린 형형색색의 돌들을 낱낱이 살피거나 그 모양과 크기와 족보를 분석하며 수억 년 동안 한반도를 세차게 몰아붙이던 지각변동의 역사를 유추하며 즐거웠던 추억들이 떠오른다. 지구상의 물은 끊임없이 돌고 돌며 자정하고 순환하는 역동의 물질이다. 그 순환벨트의 핵심은 바로 하천이다. 세상의 적재적소에 배치되어 뭇 생명체들이 필요로 하는 물을 건네주고 받으며 원활한 순환을 이끌어내는 실무참모이자 구동체의 역할을 한다.

바다를 떠나 공기나 구름을 타고 육지로 이동했던 물들은 정처 없이 떠돌다가 언젠가는 귀향하게 된다. 강물에 곧바로 합류하여 수일 내에 귀환하는 물들이 있나 하면, 어떤 물들은 지층 속으로 깊이 스며들어 한 세월 지하수로 머물러 있다가 돌아오기도 한다. 먼 극지역으로 이동한 물은 빙하에 꽁꽁 얼어되어 수억 년을 지내다가 회귀하기도 한다. 사람이나 동물 또는 식물의 체내에 흡수되어 신진대사를 돕다가 본향인 바다로 귀환하는 물도 있을 것이다.

하천은 육지 위로 소풍 왔던 수증기들이 비가 되어 내리면 이들을 수습해서 귀향길로 인도하는 고마운 일꾼들이다. 떠돌던 영혼들을 품고 날마다 종착역을 향해 달리는, 단 한 차례도 멈추어 설 간이역도 없는 완행열차이다. 휴식도 없이 밤낮을 달리고 또 달리는 숙명의 마라토너이다. 세상의 일로 일희일비하지 않으며, 그저 충직하고 묵묵히 오로지 자신에게 주어진 그 길을 달릴 뿐이다.

짜디짠 소금기를 걸러낸 물을 끊임없이 구름과 바람에 실어 보내어 대지를 촉촉이 적셔 주는 고마운 바다이지만, 이 일꾼들의 헌신적인 봉사가 없다면 마음 놓고 비나 눈을 육지로 파송하지 못할 것이다. 밤낮으로 쉼없이 퍼 나르는 하천들이 있기 때문에 대지에는 물이 넘치지도 부족하지도 않은 것이다.

좀 엉뚱하고 비약적인 가정이지만, 만일 전 세계의 하천들이 일제히 여름 한 철만 파업을 한다면 이 지구촌은 과연 어떻게 될까. 세계 도처에는 상상을 초월하는 엄청난 홍수와 물난리를 겪을 것이다. 이런 중요한 일들을 묵묵히 실천하는 존재가 바로 우리 이웃의 하천들이다. 하천들은 여기저기서 수많은 작은 물줄기들이 찾아와도 빗장을 걸어 물리치는 법이 없다. 문을 항상 활짝 열어 둔다. 더러워졌거나 오염이 되었다고 되돌려 보내는 법도 없다. 세상이 건네준 수많은 짐들과 오물들을 한마디의 불평도 없이 공평히 골고루 품어 안고 세수시켜 어머니 품으로 되돌려주는 고마운 일꾼이다.

작은 물길들의 귀향길에 무리가 없도록 부드러운 흐름을 만들어 주느라 주야가 없다. 무시로 찾아드는 작은 물줄기들 때문에 자칫 몸살이 날 지경이어도 화내거나 거칠어지는 법도 없다. 제 품을 찾아든 물길들이 편안한 흐름을 탈 수 있도록 늘 최선을 다한다. 일정한 듯 보여도 유속과 흐름에 적절한 변화를 주어 꾸준한 페이스를 조절한다. 때로는 빠르게 때로는 느리게, 때로는 채우고 때로는 허물어서 스스로 적절한 강폭과 굽이를 유지할 줄 안다.

아무리 바쁘고 급하다 할지라도 결코 한 달음의 직선길로 내달리지 않으며, 오히려 굽이굽이 휘돌며 유장하게 흐른다. 늘 쫓기

듯이 살아가는 우리들에게 급할수록 돌아가라며 가르침을 주는 것 같다. 하류로 갈수록 봇물처럼 불어나는 모든 물을 모두 수용하고 받아들여 흐르자니 목이 꺾이고 허리가 휘지만 아무런 불평이 없다. 자신보다 높은 곳을 넘보지 않으며, 그저 자신을 낮추고 낮추는 길을 찾아 흐른다. 장애물을 만나도 거스르는 법이 없고 부드럽게 돌아가거나 자신을 쪼개어 나누어 흐른다.

가끔씩 하천들이 인생의 축소판인 것 같다는 생각을 하게 된다. 발원지에서 멀지 않은 상류의 하천들은 폭 좁은 계곡을 거침없이 내달리며, 주변과 타협할 줄 모르며, 여유 있게 휘어 달릴 줄도 모른다. 수많은 바윗돌이나 장애물 그리고 낭떠러지 앞에서도 두려움이 없다. 물거품을 쾅쾅 쏟아내는 모습이 마치 혈기 방장한 청년의 모습을 떠올리게 한다. 콸콸 흐르던 물길을 계속 따라 내려가다 보면 흐름은 점차 진중해지고 안정감이 느껴진다. 주변 환경에 따라 유속을 조절하는 조금은 여유 있는 모습을 만날 수 있다. 하류를 향해 점점 늘어난 수량을 감당하고 넉넉한 물길을 만들어 유장하게 흐르는 중류의 하천에서는 더욱 안정감이 묻어난다. 넉넉하고 푸근한 중장년의 여유로움이 떠오른다.

물길을 따라 더욱더 내려가면 점점 늘어나는 지류의 유입으로 부피가 늘면서 조금씩 힘에 부치는 모습이다. 흐름을 늦추고 뱀처럼 이리 휘고 저리 휘어 물길을 길게 가져가는 모습이다. 여유는 넘치나 힘이 부쳐 보이는 모습은 노년을 연상시킨다. 늘 가까이 있기에 자칫 무심해지기 쉬운 자연이다. 그러나 관심을 갖고 바라보면 그들의 부드러운 손길과 세심한 보살핌을 알 수 있다. 우리 곁을 소리 없이 날마다 흐르는 하천들의 드러나지 않는 희생적 봉사와 태생적 부지런함, 배려, 양보, 여유, 겸양지덕 등을 생활 중에라도 자주 기억하고 감사해야겠다.

 귀한 생명을 받아 하루하루 살아가는 이 초록별의 만생들도 자연이란 모성의 손길과 보살핌을 담보하지 않는다면 단 하루도 지탱할 수 없는 허약한 개체들일 뿐이다. 이 거대한 생명공장의 복잡미묘한 콘트롤 타워에 한 부분이 자칫 어긋나거나 고장이 발생해도, 언제든지 심각한 상황으로 내몰릴 수 있는 우리들이건만, 도리어 자연을 향한 자칫 무모하고 무지한 도전과 횡포를 일삼는 작금의 상황에 늘 가슴이 조마조마해진다.

공룡들의 퇴장

　최근에 남부지방과 일부 중부지방에서 공룡의 뼈, 이빨, 발자국과 알들이 잇따라 발견되면서 우리나라가 전 세계의 공룡 전문가들로부터 비상한 관심을 받고 있다. 특히 다양하고 독특한 공룡의 수많은 발자국들과 공룡알들이 각처에서 발견됨으로서 상당히 광범위한 공룡들의 서식처와 산란지들이 과거에 널리 분포하고 있었음을 확인하게 되었다. 그 결과, 최근에는 과거 우리나라에 살았던 공룡의 종류나 생활상에 대해서 범국민적으로 폭발적인 관심이 일어나면서 각처에 상설 공룡 전시관이나 박물관들도 속속 세워지고 있다.

　공룡들은 인류에 앞서 한때 지구의 무대를 완전히 장악하고 살았던 동물이다. 적어도 1억 6천만년이 넘는 기간을 지구의 주인으로 군림하던 종족들이 홀연히 종적을 감추고 말았으니 이것은 지구역사에서 가장 신비하고 놀라운 사건 중의 하나이다.

　자신들이 머물렀던 자리를 휑하니 비워놓고 총총히 떠나면서 우리에게는 쉽사리 풀리지 않는 숙제를 던져주었다. 그동안 이들의 멸종사건과 관련하여 여러 가설들이 세인들의 주목을 받으며 화려하게 등장했지만, 대부분 속 시원한 답을 안겨주지 못한 채 반짝 불꽃처럼 피었다 사라지곤 했다.

이들은 도대체 어디에서 와서 그 긴 세월 전성기를 누리다가 흔적없이 사라졌는지, 그저 놀랍고 신비할 뿐이다. 공룡에 이어 인류의 조상들이 지구에 본격적으로 등장한 것이 지금으로부터 불과 5, 6백 만년 밖에 되지 않았음을 감안하면 실로 대단한 일이다. 그나마 문자를 발명하고 제대로 문명이 꽃피기 시작한 것은 아직 일만 년도 되지 않았음을 감안한다면 더욱 그러하다.

어떻게 그 큰 몸집으로 지구의 수많은 외부환경 변화를 흔들림 없이 극복하고 적응할 수 있었는지 정말 미스터리다. 공룡들과 대적할 만큼 강력한 천적들이 존재하지 않았던 점은 분명히 이들에게는 상당히 유리한 조건이었다. 실로 다양하게 진화한 거대한 파충류 무리들이 육해공 가리지 않고 완전히 장악하고 있었으니 다른 부류들이 전면에 나서는 것은 큰 모험이었을 것이다.

역사에 가정이 무슨 소용이 있겠냐만, 만일 공룡들이 지금부터 약 6천 5백만 년 전에 갑자기 멸종되지 않았다면 이후의 상황이 어떻게 전개가 되었을지 궁금하다. 나의 과문한 추측으로는 아마도 이 거대한 파충류들의 엄청난 기세에 눌려 포유류들은 제대로 기를 펴보지도 못한 채, 결국 쇠락의 길로 접어들었을 가능성이 높았을 것이다. 오늘날처럼 무대의 전면에 등장하여 그 위세를 떨치기는 어려웠을 것이다. 그렇다면 우리 인간들도 지금처럼 세상의 전면에 만물의 영장으로 부상하는 것이 애당초부터 불가능하였을 것이다.

태평성대를 누리며 마치 영원불멸할 것 같던 위대한 공룡제국이 스스로도 이처럼 창졸지간에 쇠락의 길로 접어들 줄은 꿈에도 몰랐을 것이다. 무려 1억 6천만년이란 세월을 큰 위기 없이 지내왔었기에 무방비상태로 가드를 내리고 있었을 것이 분명하다. 긴 역사를 펼쳐놓고 보았을 때, 지구란 무대는 결코 한 종족이 영원히 차지하고 세도를 누리며 살 수 있도록 보장되어 있는 터전은 아닌 것 같다. 영원한 패권자가 없음을 그 긴 역사가 분명히 알려주고 있다. 지구는 한 동안 빌려쓰다가 새 주인에게 양도하고 물러나는 전셋집 같은 무대라는 생각이 든다. 종족의 명운이 다하면 다음의 패권자에게 양도하는 그런 흐름들을 이어왔고 앞으로도 이어갈 것이다.

불과 4.5억년 전까지만 해도 지구는 황량함 그 자체였다. 육상에서는 마른 풀 한 포기도 제대로 자랄 수 없는 황량하기 그지없는 빈 영토들만 존재할 뿐이었다. 개미새끼 한 마리 기어 다니지 않던 그런 육지에 변화가 일어나기 시작했다. 아마도 바다조류들의 광합성을 통해 발생한 산소가 속속 유입되어 대기 중에 산소가 풍부해지고 태양의 자외선을 차단할 수 있는 오존층이 형성되면서, 해상에만 머물러 있던 원시식물과 하등동물들이 서서히 육상생활에 자신감을 보이기 시작했을 것이다. 약 3.5억년 전부터 양치식물들이 본격적으로 전면에 등장하기 시작하면서부터 양서류와 같은 동물들도 생활무대를 해상에서 육상으로 조금씩 무대를 옮기기 시작했을 것이다.

약 1억여 년 후에 원시 파충류들이 빠르게 진화를 거듭하는 동안 공룡들이 출현했다. 공룡을 포함한 거대한 파충류들이 빠른 속도로 지구의 육·해·공 전 지역을 장악하기 시작했다. 이로부터 약 1억 6천만년 동안 지구는 그야말로 거대 파충류들의 독무대로 변하고 말았다. 그들 앞에는 아무것도 거칠 것이 없었기에 온갖 다양한 형태로 진화하여 지구의 모든 영역에 이들의 영향이 미치지 않는 곳이 없을 만큼 태평성대를 누렸다.

이토록 황금시대를 구가하던 공룡들이 홀연히 전면에서 사라지자, 지구는 갑자기 무주공산으로 변하고 말았다. 한동안 새 주인을 기다리며 황량한 빈 집으로 남아 있었다. 공룡들의 기세와 위협이 더 이상 없어지자, 그동안 눈치만 보고 있던 포유류들이 서서히 전면으로 등장하기 시작했다. 빠른 진화를 거듭하며 여러 포유류들이 몸집과 세력을 불리자, 지구의 패권은 다시 포유류들에게로 넘어가게 되었다.

포유류 진화의 끝물에 인간이란 독특한 계보가 출현했다. 인간은 '이성'이라는 신병기를 무장하고 태어났다. 비록 몸집이나 덩치는 보잘것없었지만, 과연 그들만의 신병기는 엄청난 위력을 발휘

했다. 처음에는 조금 어설프고 어딘가 미흡해 보이는 병기였지만, 이의 유무로 드러나는 파워의 차이와 파급효과는 실로 대단한 것이었다. 수많은 시행착오들을 겪으며, 점차 이 병기를 유용하게 사용할 수 있게 되면서 인간들은 새로운 공간들을 하나씩 정복하게 되었고, 차츰 중심무대로 진출했다. 몸집이나 민첩성으로만 봤을 때는 크게 내세울 만한 것이 없던 인류들이 혜성처럼 등장하여 어느새 하늘을 찌를 듯한 기세로 만천하를 호령하며 군림하게 되었다.

불과 몇 천 년 만에 공룡제국의 위세를 훨씬 뛰어넘는 찬란한 인간제국을 건설하여 지금도 하루가 다르게 발전을 거듭하고 있다. 하지만 그 옛날 공룡들이 그러하였듯이, 그때가 언제일지는 모르지만 우리 인간들이 전혀 모르는 존재들이 출현한다면, 이 지구를 그들에게 양도하고선 무대의 뒤안길로 사라지는 날이 분명히 도래할 것이다.

공룡군단의 갑작스런 퇴장은 그동안 사람들에게 수많은 추측과 상상들을 불러 일으켰다. 현재까지 발표된 학설들 가운데 가장 널리 설득력을 얻고 있는 두 가지 학설은 '소행성과의 충돌설'과 '대규모 연쇄 화산폭발설'이다. 약 6천 5백만년 전에 지구에 직경이 10㎞나 되는 소행성이, 직경이 180㎞에 이르는 큰 함몰구를 만들면서 멕시코의 유카탄 반도에 떨어졌다. 이 소행성은 반은 육지에 그리고 나머지 반은 바다에 걸치는 공교로운 위치에 떨어졌다.

학자들은 이 소행성의 위력이 원자폭탄 2백만 개와 맞먹는 것으로 추정했다. 그 위력과 충격의 강도는 우리의 상상을 초월하는 어마어마한 것임에 틀림없다.

이 소행성의 충돌로 지구가 온통 화염에 휩싸이게 되고, 그 충격으로 지구 표면에는 연쇄적인 화산폭발들이 일어났다. 소행성의 충돌로 발생한 수증기와 먼지구름에다 연쇄 화산폭발로 대기 중으로 유입된 화산재들이 섞여 갑자기 뒤범벅이 되고 말았다. 그 결과, 대기권으로 진입하려던 태양복사선이 차단되면서 지구 대기의 온도는 빠르게 내려갔다. 이런 돌발상황에서 변온 동물이었던 공룡들이 살아남을 길은 없었을 것이다. 몸집이 거대했던 공룡들이 쉽사리 피할 수 있는 은신처들도 드물었을 것이고, 몸통을 덮을 보호털조차 없었으므로 오래 버틸 수가 없었을 것이다. 일조량이 급감하고 지구대기가 갑작스레 급랭하자 대부분의 식물들도 고사하고 말았을 것이다. 졸지에 먹을 것이 사라진 초식공룡들이 굶어 죽게 되자, 초식공룡들을 포식하던 육식공룡들도 더불어 멸종하고 말았을 것이다.

공룡들에 비해 몸집이 아주 작은데다, 털로 몸을 보호할 수 있었던 포유류들은 공룡들보다는 상대적으로 생존에 유리한 조건들을 갖추고 있었으므로 이처럼 불리한 환경 하에서도 생존이 좀 더 용이했을 것이다. 아사한 식물들의 뿌리나 열매 등을 섭취할 수 있었기 때문에 포유류들은 이런 돌발 상황에도 최후까지 살아남아

무주공산이 된 지구에 무혈 입성할 수 있었던 것이다.

역사는 이 지구상에서 한 종족의 제국이 영원히 존재할 수 없음을 우리에게 가르쳐 주었다. 그토록 기세가 등등했던 공룡제국도 한 순간에 쇠락하고 마는 것이 자연의 이치인 것이다. 시대에 따라 배우들은 바뀌었을지언정, 지구의 무대는 제 자리를 지키며 새로운 주인공들을 맞이해 왔다. 공룡의 쇠락을 주제로 글을 쓰면서 느끼는 점은 우리 인류도 눈앞의 현실이나 발전을 추구하는 데만 급급하지 말고, 이왕이면 오랫동안 지지 않는 찬란한 인류제국의 번영을 누릴 수 있게끔 보다 큰 꿈과 미래의 비전을 가지고 현실의 과제들을 해결해나가야 될 것 같다.

아울러, 인류의 빠른 발전의 축복 뒤엔 불가피하게 인류공멸의 위험요소들도 늘 도사리고 있으며, 그 위험성도 함께 증가하고 있음을 간과하지 말아야 할 것이다.

백두산의 분노

 오늘 아침 신문에 올라온 '백두산 화산 폭발 임박'이라는 기사가 눈길을 끌었다. 백두산 화산이 수년 내에 폭발할 가능성이 매우 높다는 내용이었다. 지난 몇 년 사이 일어난 일련의 가공할 만한 천재지변들 앞에 인류는 너무나도 나약하고 무력한 존재임을 목격해왔기에 특별히 관심을 갖고 읽어 보았다. 발전에 발전을 거듭하며 고도의 현대문명을 이룩했다는 인간들의 자존심들이 여지없이 짓밟히는 현실들을 바라보면서, 우리들의 처지와 현주소를 냉정하게 인정하지 않을 수가 없다.
 각처에서 예고 없이 발생한 지진, 화산폭발, 해일. 홍수, 가뭄. 한파, 토네이도, 허리케인 등이 가져다준 어마어마한 재앙으로 지구촌 전체가 몸살을 앓아 왔다. 다행스럽게도 우리나라는 이런 엄청난 자연재해의 중심에서 대부분 비켜 서 있었다. 하지만 우리가 이런 자연재해를 여태껏 거의 경험하지 않았다고 해서 앞으로도 계속 이러한 천재지변으로부터 자유로울 것이라고 단정 지을 수는 없다. 현재 우리나라가 처해있는 여러 가지 자연적인 입지조건들을 냉철하게 평가한다면 앞으로도 그와 같은 안전성을 지속적으로 담보하거나 낙관할 수 있는 충분한 근거들이 보이지 않기 때문이다.

최근 들어 빈도나 강도에 있어 조금씩 우려할 수준으로 상승하고 있는 한반도의 지진상황이나 백두산의 분화가능성이 점차 고조되면서 이제 우리도 완전히 가드를 내리고 태평하게 지낼 상황이 결코 아닌 것만은 분명하다. 백두산의 경우, 지난 수천 년 동안 몇 백 년 간격으로 계속 크고 작은 분화들이 지속적으로 일어났던 활화산이기 때문이다. 옛날에 학교에서 배웠을 때처럼, 더 이상 휴화산이나 사화산으로 간주될 수 없는 필요 충분한 이유들이 속속 등장했기 때문이다. 더군다나 백두산 분화구에서 그리 멀리 떨어지지 않은 곳에서 무모한 지하핵실험을 지속적으로 강행하고 있는 북한의 벼랑 끝 전술은 지금의 불안을 더욱 가중시키고 있다.

주변국들도 이상 징후나 동향들을 미리 탐지하기 위해 관측소를 두고 지속적으로 모니터링하면서, 백두산 화산폭발과 관련한 만일의 사태에 대비하고 있다고는 하지만, 막상 재해가 발생한다면 체계적으로 대처하는 일이 결코 쉽지 않을 것이다. 만일 약 천 년 전에 일어났던 것처럼 아주 대규모의 화산 폭발이 백두산에서 다시 일어난다면 한반도 주변뿐만 아니라 지구전체에 미칠 파장은 상상을 뛰어넘는 엄청난 것이기에 그 불안감은 날로 증폭되고 있는 것이다.

만일 지하 깊은 곳으로부터 갑작스레 마그마유입이 일어나, 천지에 고여 있는 물이 넘치기라도 한다면 경사가 급하고 산사면의 도처에 분포하고 있는 엄청난 양의 미고결된 화산쇄설물들이 한꺼번에 휩쓸려 내려와 들이닥칠 것이 불을 보듯 뻔한 상황이기 때문에 백두산 주변지역이 입게 될 피해는 상상이 되지 않는다. 빠른 속도로 밀려드는 토사와 화쇄류를 피할 재간이 없을 것이다. 또 엄청난 양의 화산분출물들 때문에 공기는 걷잡을 수 없이 빠르게 오염될 것이며 바람에 의해 멀리 이동한 화산쇄설물들은 반경 수천 킬로에 이르는 광범위한 지역을 초토화시킬 것이다.

　분출되는 화산 분진들은 공기 중의 수증기와 결합하여 중력이 약한 성층권에 진입하여 오랜 기간 부유하게 될 것이고, 이들이 수 년 동안 태양복사를 차단한다면 범지구적인 냉해와 기후이변이 초래될 수도 있을 것이다. 이 뿐만 아니라 인간들에게 식수오염, 농작물피해, 호흡기 질환, 피부질환, 안구 질환 등 다양한 직간접적인 피해들을 안겨 줄 것이 불을 보듯 뻔하다.

　백두산의 경우는 지각의 판 경계부에서 일어나는 일반적인 화산분화와는 근본적으로 다르다. 판 경계부가 아닌, 판 내부의 아래 깊숙이 존재하는 커다란 맨틀 마그마방에 뿌리를 두고 있는 기둥을 따라 간헐적으로 분화하는 형태이기 때문에 아주 강력한 화산폭발을 일으킬 가능성이 무척 높다. 학자들도 백두산의 경우 화산폭발의 크기를 나타내는 '화산폭발지수'가 매우 높을 것으로 예측하고 있다. 일각에서는 몇 년 전에 일어나 유럽지역에 큰 피해를 입혔던 아이슬랜드 화산폭발의 수십 배가 될 만큼 가공할 만한 위력을 보일 것이란 주장도 제기되고 있다.

어쩌면 북한의 핵무기가 가져다줄 재앙보다도 훨씬 더 심각한 상황이 초래될 수도 있는 백두산의 화산폭발에 대비한 예비적 조치들을 지금부터라도 하나하나 착실히 실행에 옮겨야 할 것이다. 한반도 전체의 생존을 위협할 만큼 심각한 재해가 될 수도 있기 때문에 결코 소홀히 대할 수 없는 범국가적 과제가 아닌가 싶다. 이참에 북한 당국도 화산폭발로 인해 발생할 수 있는 사태의 심각성을 다시 한 번 깊이 인식하였으면 한다.

어쩌면 한민족의 공멸이란 유사 이래 최대의 비극을 초래할 수도 있는 뇌관을 건드리는 행위가 될 수도 있는 위험천만한 지하핵실험을 당장이라도 중지해야 할 것이다. 앞으로도 지하핵실험이 계속 자행된다면 백두산 일대의 지반균열과 불안정은 가속화될 것이고, 이는 그만큼 백두산 폭발의 가능성을 더욱 높이고 폭발의 시기를 앞당기게 되는 비극적 결과를 초래할 것이기 때문이다. 조용히 잠자고 있는 백두산을 공연히 자꾸 집적거려서 자연의 분노를 굳이 자초할 필요는 없지 않겠는가.

심지어 일부 화산전문가들은 백두산 화산이 수년 내에 폭발할 가능성이 매우 높다고 주장하고 있으며 당장 정부차원의 시급한 대책마련이 절실하다고 목소리를 높이고 있다. 현재의 시점에서는 백두산이 앞으로 언제 어떤 규모로 분화를 할지 그 누구도 예단하기는 어렵다. 하지만 여러 가지 정황들과 과거의 활동기록들을 바탕으로 미루어 판단할 때, 그 폭발이 아주 먼 훗날의 이야기가 아닌 것은 분명하다. 과거에 일어났던 사례들의 빈도와 추이들을 더욱더 면밀히 분석하고 미세지진현상이나 천지수의 동위원소분석치 변화 등을 지속적으로 조사 관찰한다면 그 이상 징후를 미리 어느 정도는 감지할 수 있으리라고 본다.

최근에 일어났던 여러 자연재해의 예측들은 보란 듯이 우리의 예상을 비켜갔거나 모두가 방심하고 있을 때, 예고 없이 찾아와 인류에게 엄청난 피해를 입혔다. 2004년 인도양 지진해일과 2010년 수마트라 지진이 그러했고 2011년 일본 동부의 지진해일이 그러했다. 가드를 풀고 방심하고 있는 사이 가공할 위력으로 급격히 밀어닥친 자연재해 앞에 우리는 속수무책일 수밖에 없었다.

평소 우호적이고 넉넉한 품으로 보살펴주고 베풀어주지만, 자신의 경고를 외면하거나 순리를 거스르는 우리들을 향해 가끔 한 번씩 회초리를 들 때는 너무도 가혹하고 매서운 자연이다. 현재 우리가 가진 역량이나 축적하고 있는 기술로는 자연재해들과 맞서기엔 턱없이 부족하다. 미리 재앙을 알아내는 일은 아직도 어려운 과제이며, 이를 막아내고 멈추게 할 방법은 더더욱 없다. 우리가 할 일은 유사시 피해를 최소화할 수 있는 매뉴얼들을 철저히 준비하고, 평소 자연재해에 착실히 대비하면서 살아가는 자세를 잃지 않는 것이다.

4.
인연의 샘터

어떤 인연

 우리 가족이 사는 아파트 베란다 앞에는 아담한 단풍나무 한 그루가 파수병처럼 지키고 서 있다. 팔을 뻗치면 닿을 정도로 가까운 거리다. 2층인 아파트 베란다에 섰을 때 나보다 불과 두 뼘 정도 키가 큰 10대 후반쯤 되어 보이는 청년나무이다.
 팔을 옆으로 활짝 펴기엔 아직 팔뚝이 가늘고 연약하여 엉거주춤 만세를 부르고 있는 모습이다. 하여, 발치에 넉넉한 그늘을 드리워 놓기엔 아직은 턱없이 부족하다. 혈기 방장한 이 미완의 젊은 나무와 남모르는 정을 나눈 지 어느새 5년이란 시간이 흘렀다. 무슨 전생의 연이라도 있었던 것인가. 어쩌다가 세상의 하고많은 사람들 중에서 나라는 사람과 이승의 교제를 나누게끔 그 운명이 전개되었는지 궁금하다. 북미의 드넓은 옥토전답의 유혹을 뿌리치고 하필이면 이 보잘것없는 작은 공간에 뿌리를 내리고 자라, 왜 날마다 낯선 이방객의 서글픈 넋두리나 들어야만 하는지.
 안개가 자욱한 이른 아침에도, 뜨거운 햇볕에 숨이 막힐 듯한 한낮에도, 낙조의 황혼녘에도, 청풍명월의 고요한 밤에도, 별빛 드문 외로운 밤에도, 만물이 잠든 미명의 새벽에도, 비가 오나 바람이 부나, 내 기분이 기쁠 때나 슬플 때나 늘 같은 자리에서 변함없이 다정한 인사를 건네오는 나의 벗이다. 춘하추동 일 년 열두 달 계획표를 받아 들고 한 치의 오차도 없이 할 일을 하는 성실한 벗이면서 스승이기도 하다. 한 발자국도 옮길 수 없지만, 세상의 철리(哲理)를 훤히 깨닫고 순리대로 묵묵히 자신의 길을 가는 모습은 차라리 구도자의 모습처럼 느껴진다.

날마다 만나다 보니, 이 친구의 몸짓이나 습성, 그리고 기분까지 조금씩 파악할 수 있게 되었다. 사람들도 관심을 갖고 자주 만나다 보면, 상대의 몰랐던 성격이나 버릇과 기분들을 차츰 깨닫게 되지 않는가. 그 대상이 무엇이든 관심이란 눈으로 바라보면 점점 더 알게 되고, 서로 간에 정이 드나 보다.

새 가지를 부지런히 틔우며 점점 큰 나무의 위용을 갖추어가는 신묘한 건축술 또한 나를 감탄케 한다. 결코 바쁨이나 서두름도 없다. 새 가지를 틔워도 스스로 감당할 수 있는 힘과 지지력이 확보될 때까지 충분히 기다리면서 조금씩 자신의 몸집을 불려 나간다. 세상의 나무들이 갖고 있는 건축술과 이치를 교과서처럼 가르쳐 준다.

밑동을 보니 단단히 중심을 잡고 6, 70센티 지상으로 올라온 다음, 똑같은 굵기로 여섯 가지를 틔우고 다시 1미터쯤 올라가면

각 가지들은 정확히 같은 높이에서 두 가지로 갈라진다. 하나뿐인 밑동엔 낯선 땅에 막 뿌리를 내리고 불안한 앞날과 외로움에 맞서던 고단한 어린 시절의 숨결이 감추어져 있을 것이다. 장차 자신을 딛고 가지를 틔울 새끼들을 위해 엄동설한의 차디찬 땅속을 헤집으며 부지런히 새 뿌리들을 내리고 양분탐사를 하느라 여념이 없었을 것이다. 위대한 모성애란 이런 것이 아닐까. 어미의 고행이 없었다면 어찌 오늘이 있었을까. 관심의 수위를 높혀 좀 더 자세히 살펴보니 신령한 자연의 세계에는 어디 희생과 사랑의 그늘이 숨어있지 않는 곳이 없다.

자신과 어린 가지들을 지키고 보호하려는 이기적인 본능과 욕심만 갖고 있는 것이 아니다. 주변을 챙겨주고 배려하는 사랑도 남다르다. 내 발치의 일처리만으로도 늘 허둥대느라 주변을 제대로 챙기지 못하는 나에게 사랑과 베풂이란 무엇인지 그 진수를 보여준다. 자신을 찾아오는 미물들이 편히 쉬었다 갈 수 있도록 곳곳에 세심한 쉼터를 마련하고 반겨준다. 이 때문일까. 결코 안전지대라고 볼 수 없는 이 친구의 작은 품에 새들이 둥지를 틀고 새끼를 치는 기적 같은 일도 있었다. 삭막한 도회지의 꽉 막힌 위험한 공간에 새들이 둥지를 틀 수 있을 만큼 녀석의 배려가 깊고 따뜻했기 때문일까.

여름이면 찾아오는 매미들에게 쉼터를 제공하고, 그들이 목청껏 부르는 노래를 원없이 들어주는가 하면, 도마뱀 녀석들이 숨바꼭

질하며 놀 수 있도록 여기저기 숨을 곳도 만들어 주었다. 찾아오는 잠자리들이 쉬어갈 수 있도록 군데군데 뾰족한 가지들을 세워 두기도 하고, 벌과 나비들이 찾아 올 즈음엔 미리 넉넉한 향기와 수액을 준비해 두는 세심한 배려도 볼 수 있다. 이 친구가 배려하는 것은 비단 미물들뿐만이 아니다. 아침 이슬방울들을 위한 미끄럼틀, 그네, 회전그네도 곳곳에 만들어 놓았다.

가만히 보니, 나를 위한 배려도 작지 않다. 내가 베란다에 나서면 수천 개의 잎새들이 살랑살랑 손을 흔들며 반갑다는 인사를 보내오는 것은 물론이고, 혹시라도 싫증을 느낄까봐 매무새나 옷차림에도 많은 신경을 쓴다. 애인을 늘 예쁜 모습으로 만나고 싶은 여인들이 자신을 가꾸고 다듬는 일을 게을리하지 않는 것처럼, 늘 같은 모습으로 나를 대할 수 없다는 저 나름대로의 자존심일까.

겨우내 메말랐던 가지에 분을 바르고 파릇파릇한 실눈을 틔워 배시시 눈웃음치는가 싶더니, 하얀 면사포를 썼다가, 어느새 화려한 외출복으로 갈아입고, 찬바람 불기 시작하면 새빨간 연미복으로 갈아입는다. 화려한 이별잔치가 끝나면, 눈요기라도 하라는 뜻인지 한판 스트립쇼를 펼치고 원시적 모습으로 되돌아가는 모습은 차라리 애처롭기까지 하다. 오랫동안 관찰해보니, 얼핏 변화무쌍한 흐름 뒤엔 한 치의 흐트러짐도 없는 질서와 규칙들이 추상처럼 버티고 있다.

이토록 주변에겐 세심하고 배려가 깊지만, 스스로 감당해야 할 고난과 역경들도 결코 가볍지 않아 보인다. 전생에 무슨 죄를 지었기에 머리채를 송두리째 낚아채고 무자비하게 흔들어대는 가혹한 폭풍우와 허리케인들에게 심심찮게 당하기도 한다. 죄 없이 매 맞는 모습이 안타까워 곁에서 애처로이 지켜보고 있노라면 손바닥을 쥐락펴락하면서 비 맞지 말고 서서 피하라고 아우성이다.

 찬바람 부는 절기가 다가오면 품고 있던 잎들을 미련 없이 놓아 버린다. 애당초 단단히 붙들고 있을 마음이 없었던 것 같다. 미련이나 집착이 있었다면, 쉽사리 놓을 리가 만무하다. 그냥 훌훌 털어 버리는 거다. 한 치의 미련도 회한도 없이. 일찌감치 무탐, 무소유의 경지에 이르러 득도한 네가 차라리 부럽구나. 그까짓 작은 탐욕과 집착 때문에 날마다 갈등하고 머리를 아파하던 나 자신이 부끄러워진다. 버릴 때는 아무런 미련 없이 단호하게 버려야 하는 거야. 하며 나에게 일러주는 것 같다. 만물의 영장이라고 자화자찬을 늘어놓으면서 이 세상을 마음껏 농단하며 영원히 군림할 듯 기세등등한 우리들이건만, 한갓 보잘것없어 보이는 이 작은 나무의 깨우침에 미치지 못한 것들이 너무도 많은 것 같다.

 무언의 대화지만 자주 교감하다보니, 나무도 사람처럼 희로애락의 감정이 있는 것 같다. 초봄에 한창 물이 올라 올 때는 뿌리를 박차고 여기저기 뛰어다니고 싶다고 볼멘소리를 하는가 하면, 때로는 잎들을 축 늘어뜨리곤 기운 없는 모습도 보이고, 미풍에 바르르 떨며 간지러워 어쩔 줄 몰라 하기도 한다. 한여름 밤에 시원한 바람이 불어 올 때면 한 곡조 늘어지게 뽑고 싶어 하는 것 같기도 하고, 겨울바람이 매섭게 몰아칠 땐 서럽게 펑펑 울기도 한다.

  사람이든 사물이든 교감한다는 것은 서로의 영혼들이 하나의 강이 되어 흘러가는 것이며, 서로의 마음에 씨를 뿌리고 싹을 틔워 함께 가꾸는 일이다. 각자의 울타리 안에 각자의 집을 짓는 것이 아니라 울타리를 허물고 서로 정다운 식구처럼 살아가는 일이다. 앞으로 좀 더 다양한 자연의 대상들과 영혼의 교감을 나누며, 마음의 안식을 얻고 싶다.

와싱톤 선생님

 애들이 지난 1년간의 학교생활을 마감하고 긴 여름방학에 드는 날이다. 매년 이날이 되면, 부모들은 학교로부터 지난 1년 동안 아이들의 학교생활에 대한 성취결과를 소개받고 시상식에 참관토록 부탁을 받는다. 여느 해나 다름없이 이번에도 시상식을 참관하고 오랜만에 여러 선생님들과 마주할 기회도 가졌다.
 웬 상들이 이리도 많은지. 시상식이 끝나면 학생들의 목에는 두서너 개의 메달이 주렁주렁 걸리는 것은 보통이다. 우등상, 개근상은 말할 나위도 없고, 각 교과목별로 성적이 좋은 학생, 정직한 학생, 도서관에서 책을 많이 빌린 학생, 학교 화단을 가꾸었던 학생, 노래 잘 부르는 학생, 심지어 유머가 풍부한 학생들까지 여러 가지 다양한 명목으로 시상을 하다 보니, 목에 메달을 걸지 않은 학생은 찾아볼 수 없을 지경이다. 워낙 여러 학생들에게 골고루 상장과 상품이 수여되다보니 아이들의 표정이 한결같이 환하고 밝아 보인다. 그래서 시상식을 할 때마다 마치 동네잔치에 온 듯한 느낌을 받는다. 시상의 종류가 이토록 많으니, 몇 명되지도 않는 학생들을 모아 놓고 거의 2시간 동안 시상식을 거행하는 것이 보통이다. 아낌없이 칭찬해주고 격려해 주는 이곳의 시상식을 바라보는 부모님들의 눈길들도 마찬가지로 모두 흐뭇해 보인다.

상이란 받으면 누구나 기분이 좋아지는 것은 부인할 수 없는 사실이다. 그러나 상을 받지 못하는 이들에겐 상대적인 열등감이나 박탈감을 부추기고 상처가 될 수도 있다. 그런 점에서 양날의 검(劍)이 될 수도 있지만, 워낙 다양한 명목으로 여러 학생들에게 수상의 기회가 제공되니 바라보는 내 마음도 흡족하다. 물론, 상을 남발한다 싶을 정도로 너무 많이 수여하다 보니 상의 가치나 존귀함은 줄어들겠지만 이처럼 대다수가 용기를 얻고 함께 즐거움을 누릴 수 있다면, 그 정도쯤의 손실이야 기꺼이 감당할 수 있으리라 본다.

계획된 교과과정에 맞추어 획일적인 교육을 실시하는 우리의 시스템과는 달리. 미국의 교육은 교사의 재량에 맡기는 시스템이기에 교사 개인의 역량과 자질 그리고 철학에 따라 교실마다 상당히 다른 방식으로 교육이 진행되는 것이 보통이다. 교사 각자의 계획에 맞추어 교실들이 아주 독특하고 이채롭게 꾸며지기 때문에 학년 초에 여러 교실들을 한 번 주욱 둘러보는 것도 흥미로운 일이다. 그렇기에 어떤 교사를 만나느냐에 따라 학생들의 흥미와 관심, 그리고 성취도에 있어 커다란 편차들이 나타날 수도 있기에, 신학기가 되기 전에 아이들이 이번에는 어떤 선생님을 만나 함께 생활하게 될 것인지 여간 신경이 쓰이지 않을 수 없다.

　신학기가 가까워지면, 학교에서는 부모에게 통지서를 보내어 자녀의 교육을 책임지게 될 담임선생님과 인사를 교환하게 하고, 앞으로 전개될 선생님의 교실 운용계획과 수업 진행방식, 교과과정, 교육철학 등을 소개받고, 아울러 부모의 역할과 협조사항에 대해서도 이해를 구하게 된다. 지난 1년 동안 우리 막내를 가르쳐 온 선생은 '와싱톤'이란 이름을 가진 젊은 흑인 여자 선생님이었다.

　선생님과 학생 또는 학부모로서 서로의 인연을 맺고 1년이란 시간의 마디를 함께 보내면서 그 마지막에 이른 오늘, 신학기를 앞두고 와싱톤 선생과 첫 대면을 했던 그날의 기억과 감회가 다시 떠오른다. 나도 모르게 이 학교에 처음으로 부임한 흑인 선생님이란 사실 때문인지, 마음속에 찾아드는 왠지 모를 아쉬움과 걱정을 쉬이 물리치기 힘들었다. 하필이면 왜 경험이 전무한 흑인 선생인가 하는 생각이 떠나질 않았지만, 정성스레 꾸며놓은 교실과 진취적인 자세와 나름대로 자신감이 있어 보이는 것 같아 그나마 위안거리로 삼으며 무거운 발걸음을 돌렸다. 사실, 세 명이나 되는 아이들을 유치원부터 지금까지 키우는 동안 수많은 선생들과 인연이 닿았지만 이번처럼 흑인 선생님은 처음이었다.

　나는 아이들에게 시차를 두고 간단히 네 번의 질문을 한 다음, 아이들의 대답을 듣고서 나름대로 그들의 담임교사들에 대한 평가를 내려 왔다. 먼저, 새로운 선생님과 한 달쯤 생활한 후에 아이들에게 '새 선생님이 좋으냐?'라고 먼저 물어 본다. 한 학기가 끝날 즈음에 '담임선생님이 아직도 좋으냐?'라는 질문을 던지고, 다음 학기 중간 즈음에 '선생님을 자랑스럽게 생각하느냐?'라는 질문을 하고, 학년이 끝날 즈음에는 '선생님을 많이 그리워 할 것 같으냐?'라는 마지막 질문을 한다. 이들 질문에 대하여 아이들의 입에서 매번 아주 긍정적인 대답들이 나오면, 아이가 이번에 아주 좋은 선생님을 만났구나 하는 판단을 하곤 했다.

신학기가 시작되고 한 달이 지날 즈음에, 나의 첫 번째 질문에 대한 아이의 대답을 들어보니, 와싱톤 선생님에 대한 나의 선입견은 완전히 기우였음을 깨달았고 오히려 그런 편견과 그릇된 생각을 한 나 자신이 부끄러울 지경이었다. 학교에서 또는 집에서 학습했던 내용들을 아주 꼼꼼히 검토하고 엄격한 평가기준을 적용하여 한 치의 오차도 없이 객관적인 평가를 내려 주었다. 딸아이도 선생님 칭찬을 입이 마르도록 하며 자랑스러워했다. 편견과 아집에 사로잡히지 않고 올바른 판단을 내리려고 노력을 한다고 하지만 같은 실수를 거듭하는 것으로 보아 나는 아직도 그릇의 크기가 한참이나 부족하고 모자라는 것 같다.

지난 몇 해를 돌아보니 애들은 모두 참 좋은 선생님들을 만난 것 같다. 이곳의 많은 교민들은 학군이 좋다는 곳으로 이사를 해, 자녀들에게 보다 좋은 교육환경과 기회를 제공하고자 많이 노력하지만, 나는 평상시 아이들 교육에 대해서는 이들과 좀 다른 견해를 갖고 있었다. 학군보다는 학교, 학교보다는 선생님이 아이들의 교육에 끼치는 영향이 크다고 생각을 하고 있기 때문에, 학교의 평판보다는 좋은 선생님을 만나는 것이 더 중요하다고 보았다. 다행히 애들이 한 번도 자신의 선생님들을 싫다거나 원망하는 얘기를 들어보지 못했다.

학군이 좀 떨어지면 어떠랴. 학교 평판이 좀 떨어지면 어떠랴. 아무리 좋은 학교라 하더라도 자신이 좋아하지 않은 선생님의 지도를 받는다면, 좋은 학교가 무슨 대수가 있겠는가. 진심으로 존경하고 따를 수 있는 선생님을 만나 긍지를 갖고 즐겁게 공부할 수 있다면 그것으로 만족하려고 했다.

이제 5학년이 되는 막내는 지금도 학교에서 예전에 함께했던 선생님을 만나면 반가워서 어쩔 줄 모른다. 다른 학교로 가신 1학년 담임선생님을 가끔 떠올리고선, 보고 싶어 가끔 작은 눈에 눈물이 맺히는 것을 보았다. 지난 1년 정들었던 와싱톤 선생님과 헤어질 일을 생각하니 벌써부터 걱정이 앞서는 모양이다. 선생님에 대한 질문을 할 때마다 이렇게 입이 마르도록 자신의 담임선생님을 칭찬하는 대답을 여태껏 들어본 적이 없다. 도대체 어떻게 가르치고 이끌어 주셨기에 이토록 칭찬을 할까.

오늘 시상식에 참관하고 보니, 딸아이가 왜 그토록 자신의 선생님에 대해 칭찬을 아끼지 않았는지 확실히 알 수 있었다. 이 와싱톤 선생님은 교장선생님으로부터 최우수 선생님 상을 받았고, 그

반의 학생들이 학업 우수상들을 가장 많이 받았다. 트로피와 상장을 들고 천진난만하게 활짝 웃는 와싱톤 선생님의 모습을 바라보니, 너무도 자랑스럽고 고마운 마음이 들었다. 여러모로 부족한 우리 딸애를 맡아 지난 1년 동안 이토록 잘 가르치고 크게 키워서 부모에게 되돌려 보내주신 분이라 생각하니 가슴이 뭉클해졌다. 좋은 인연에 거듭 감사하게 되었고, 잠시나마 잘못된 선입견과 편견 때문에 이렇게 훌륭한 분에 대해 그릇된 판단을 내렸던 점에 대해서도 진심으로 용서를 빌었다.

'좋은 인연으로 평생 잊지 못할 고마우신 와싱톤 선생님. 항상 건강하시고 학생들에게 훌륭한 선생님으로 오래오래 기억될 수 있기를 바랍니다.'

어느 노부부

　예순이 훨씬 넘어 보이는 남녀 노인 두 분이서 손을 꼭 잡고 조용히 강의실에 들어서서 수업계획서를 손에 받아들고 자리를 찾아 사이좋게 나란히 앉았다. 두 분의 깨끗한 옷차림과 화사하고 온화한 미소가 묻어있는 얼굴엔 오랜 세월을 반듯하게 살아온 넉넉한 연륜과 품격이 느껴졌다.
　이 아름다운 노부부와의 첫 만남은 이렇게 이루어졌다. 그동안 다양한 학생들과 만날 수 있는 기회가 많았기에, 가끔 연세가 지긋하신 만학도들을 만날 수도 있었지만, 이처럼 노인부부 학생을 만나보기는 처음이었다.
　늦게 배움의 길을 선택한 만학도들은 한결같이 배움에 대한 강한 동기를 부여받고 있었기에, 마지못해 수업을 듣는 많은 젊은 학도들에 비해 한층 학습활동에 진지하고 열심인 경우가 많았다. 배움을 향한 열망들이 무척 강하기 때문에 점점 쇠하게 되는 기력과는 달리, 하나라도 더 배워 알고자 진지하게 애쓰는 모습을 바라보며 가르치는 입장에 있는 내가 오히려 감동을 받기가 일쑤였다.

오랜 세월을 살아오신 연륜만큼이나 학습의 내용에 대해서도 좀 더 깊은 이해를 구하며 힘쓰시는 모습에 그들이 하나라도 더 배우고 갈 수 있도록 충실한 수업을 이끌고자 나는 나대로 많은 노력을 하게 되면서 상호 호혜적인 상승곡선을 그리는 경우가 많았다. 노인 만학도들은 젊은 시절 배우지 못한 한을 풀기 위해 찾아오거나 또는 학위나 자격증을 획득하기 위해 수업에 참가하는 경우는 드물었다. 어떤 계기로 특정 분야나 사실에 대해 좀 더 깊이 알고 싶은 단순한 목적으로 수업을 듣거나 아니면 배움 그 자체에 즐거움과 보람을 느끼는 경우가 많았다. 그러기에 배움에 열과 성으로 최선을 다하는 그들의 모습을 바라보노라면 절로 고마운 마음과 함께 책임감을 느끼지 않을 수 없었다.

만학에 대한 사회적 편견이나 또 만학으로 인해 본인 스스로 위축되는 일도 없다. 머리가 하얗게 센 노인 학생들이 젊은 학생들 틈에 끼어서 책을 읽고 노트정리를 하는 모습을 이상하게 생각하는 이들도 없다. 내가 만났던 여러 만학도들 가운데 이들 부부가 특히 기억에 오래 남아있는 이유는 그들이 유일한 노인부부 학생이었기 때문만도 아니다. 그들이 늘 손을 꼭 잡고 강의실에 들어서고 나가는 아주 다정한 모습과 넉넉하고 온화한 미소 때문도 아니다. 그들에게서 기억에 남는 일과 에피소드들이 여럿 있지만, 무엇보다도 가장 오래도록 기억하게 하는 일은 그들의 성실하고 진지한 배움에 대한 태도와 그들과 나누었던 인상 깊었던 대화 때문이다.

　수업 시작 한 시간 전이면 어김없이 강의실 앞쪽 좌석에 사이좋게 나란히 앉아 두꺼운 돋보기안경 너머로 그날 배울 내용에 대해 줄을 그어가며 부부가 함께 열심히 책을 읽고 적고 있는 모습은 한 폭의 그림처럼 아름다워 보였다. 나란히 앉아 열심히 학습하는 아름다운 장면을 바라보고 있노라면 외경(畏敬)스러움마저 느껴졌고 말할 수 없는 감격에 울컥하는 느낌이 목젖까지 차오르곤 했다.

　매 수업시간 가장 열심히 강의를 경청하고 노트에 가장 열심히 메모하는 이들도 그들이었다. 강의 도중 이해가 안 되거나 책을 읽어도 이해가 되지 않는 부분들은 꼭꼭 메모를 해두었다가 수업이 끝나면 찾아와 반드시 알고 넘어가는 성실한 배움의 자세에 조금도 흐트러짐이 없었다. 시험시간이 되면 언제나 나란히 앉아 허락된 시간을 모두 쓰며 가장 늦게까지 시험 문제지를 검토하며 남아 있던 이들도 이 노부부뿐이었다. 많은 젊은 학생들은 주어진 시험 시간이 반도 채 경과하기 전에 답안지를 제출하고 총총 강의실을 떠나는 경우가 보통인데, 이들은 끝까지 최선을 다해 진지하게 시험을 치르는 모습을 보여 주었다.

　사실, 시험 감독자의 입장에서는 한두 명의 학생들 때문에 시험 감독시간이 길어지면 속으로는 짜증이 나는 경우도 있지만, 이들의 진지한 수험태도 때문에 그토록 오래 시험지를 붙들고 있어도 조금도 화가 나거나 마음이 불편했던 적이 없었다. 학기가 끝나갈

즈음 어느 날, 이들 부부와 조용히 얘기할 수 있는 기회가 찾아왔다. 내가 평소 그들에게 궁금하게 여겼던 점들 몇 가지를 물어보았다. 내 질문의 핵심은 무엇 때문에 지긋하신 나이에도 불구하고 그토록 진지하게 열심히 공부를 하느냐는 것이었다. 남편이신 분이 먼저 말문을 열었다.

"나와 이 사람은 이미 오래전에 교육학과 생물학분야에서 석사학위를 받았습니다. 그러나 정년퇴직을 하고나면 새로운 분야를 반드시 함께 배우며 그 배우는 기쁨도 반드시 함께 나누어가지자고 오래전부터 약속을 해왔지요. 우리는 그 약속을 이제 막 실천하고 있는 것입니다."

곧 이어 아내 되시는 분이 말을 이었다.

"배운다는 것은 항상 아름답고 행복한 일입니다. 배움의 즐거움은 새로운 지식을 얻음에 있겠지만, 배움이란 한편 나와 무의미한 관계로 있던 대상들과 의미 있는 관계를 맺는 일이지요. 배움은 나와 죽음의 관계에 있던 대상에게 생명의 입김을 불어넣는 일입니다."

"아무리 생명력으로 충만한 씨앗이 있다 할지라도 그것이 발아하여 나무로 성장하지 못한다면 그 씨앗은 죽은 것이나 마찬가지며 무슨 소용이 있겠습니까."

"씨앗이 자신에게 내재된 생명력을 발휘하여 그 소용을 다하기 위해서는 거기에 알맞은 조건이 갖추어져야 할 것입니다. 이처럼, 자칫 본래의 의미가 소멸될 수 있는 대상에 생명의 입김을 불어

넣어 원래의 의미를 회복하게 해주는 일이 사람의 입장에서는 곧 배움이라고 믿기에, 우리는 여건이 허락하는 한, 앞으로도 끊임없이 이 배움을 찾아 나설 것입니다."

이 얼마나 삶의 경험과 연륜이 깊이 배어 있는 소중한 말인가. 이 부부께서 들려주신 것처럼, 배움은 나와 무관한 대상들이 의미를 획득하는 관계의 회복이며, 관심의 바깥에 머물러 있던 대상과 새로운 고리를 만들어주는 일인지 모르겠다. 이분들이 나에게 들려주신 배움에 대한 함축적이며 은유적인 메시지는 오랫동안 내 안에 머물며 내 삶의 길잡이와 같은 역할을 해 왔다.

암기식으로 획일적인 지식을 가르치고 습득하는 교육적 병폐에서 벗어나지 못하고 학생들을 영혼 없는 학습기계로 만들어 버리는 작금의 교육현실에 이들 노부부가 가진 배움에 대한 순수한 열정과 철학에 한 번쯤 진지하게 귀를 기울여 보는 것도 의의가 있겠다. 배움에는 나이가 없음을, 또 배움은 기쁨이자 행복의 씨앗이란 것을 몸소 실천해 보인 이 노부부를 통해 우리는 배움에 대해 어떤 생각과 자세를 지니고 살아가는 것이 바람직 한 것인지 귀한 깨달음을 주었다.

요즈음도 생존해 계신다면 틀림없이 함께 뭔가를 열심히 배우고 계실 그 노부부의 모습을 가끔 떠올려 본다. 배움을 통해 끊임없이 행복을 추구하며 아름다운 삶을 가꾸어 가실 수 있도록 두 내외분께서 오래오래 건강하셨으면 좋겠다.

인연의 샘터

주위의 여러 동료들은 골프를 쳐보라고 권유하지만 난 아직도 골프를 칠 마음은 없다. 운동신경이 좋다면서 1년만 열심히 볼을 치면 금방 보기플레이는 할 수 있을 것 같다지만 나는 여전히 테니스만을 고집하고 있다.

이미 25년이란 세월 동안 나와 인연을 맺어 왔던 운동을 접는다는 것이 쉽지 않음이 무엇보다 가장 큰 이유가 되겠지만, 실은 또 다른 중요한 이유가 있기 때문이다. 테니스라는 매개체를 통해 질기고 훈훈한 인간관계를 맺어온 많은 사람들과의 정리(情理)를 쉽사리 저버릴 수 없기 때문이다.

내 사주에는 천고(天孤)가 세 개나 들어있다. 고독을 씹으며 이곳저곳 옮겨 다니며 살라는 팔자지만, 그래도 가는 곳마다 테니스를 통해 여러 사람들과 인연을 맺고 교분을 쌓을 수 있었음에 늘 감사하고 있다. 그동안 발을 들여놓았던 테니스 동호회들은 많았지만, 현재 몸담고 있는 테니스모임보다 더 각별하게 애정을 쏟아

부으며 열심히 활동을 해본 모임은 없었던 것 같다.

　이 모임은 유학생들 또는 그 동문들, 그리고 해외로 1~2년의 단기연수를 받기 위해 오신 교수들이나 의사들이 그 구성 멤버들이다. 열다섯 명 내외의 회원들이 매주 금요일 저녁이면 정해진 테니스코트에 어김없이 나타난다. 실력이 괜찮은 A조 회원과 구력이 짧은 B조 회원이 한 조를 만들어, 서너 세트 결판지게 주고받으면 온몸은 땀으로 뒤범벅이 된다. 현재 나만이 이 모임의 박힌 돌이고, 대부분의 멤버들은 공부를 마치고 귀국하게 되거나 단기연수기간이 만료되면 국내의 직장으로 복귀하곤 하였다.

　그동안 귀국송별회를 마련하고 떠나보낸 회원들만도 아마 50분이 넘을 것 같다. 이들 중에는 테니스를 오랫동안 치신 분들도 많지만, 이곳에서 처음으로 테니스라켓을 잡은 분들도 더러 있었다. 이분들도 귀국할 때쯤은 볼치는 실력이 일취월장하여 아주 감사한 마음으로 돌아가신 분들도 있었다. 이 테니스 모임에서 테니스를 잘 배운 덕분에 귀국하더라도 테니스 취미를 계속 살려 나갈 수 있을 것 같다는 말을 들을 때면, 모임의 선배로서 큰 보람을 느끼게 되면서 이 테니스 모임에 긍지를 갖게 되었다.

　한 분이 떠나가시면 다른 한 분이 새로이 빈자리를 채우면서, 모임의 명맥도 잘 유지될 수 있었다. 지난 10년 이상 그 명맥을 잘 이어오는 이 모임에 남다른 애정이 있었기에 테니스에서 선뜻 골프로 전향할 수가 없었던 것이다. 대부분의 회원들이 얼마의 기간 동안 함께 고락을 나누다가 떠나가셨지만, 한 분 한 분 나에게는 정말 잊을 수 없는 귀한 인연들로 남아있다. 귀국하신 후에도 이메일이나 전화를 걸어 자주 안부를 물어오기도 하고, 또 크리스마스 시즌이나 새해벽두가 되면 이들이 보내오는 카드나 연하장들로 창문틀이 북적거렸다. 이곳에서 좋은 시간을 함께 나눌 수 있었던 덕분에 멀리 있어도 인연의 고리는 여전히 우리를 단단히 붙들고 있는 것이다.

일차 테니스 시합들이 끝나면, 모두가 기대하는 행복한 2차가 기다리고 있다. 테니스장 근처에 멕시칸 레스토랑이 있는데, 일차로 테니스 시합들이 끝나면 누가 먼저랄 것도 없이 모두들 그곳으로 자리를 옮기게 된다. 솔직히 많은 회원들은 테니스 시합보다 2차 모임에 더 큰 기대를 가지고 있다고 해도 과언이 아닐 만큼 즐거운 시간이었다. 대부분 회원들이 일단 우리의 테니스 모임에 발을 들여 놓았다가 스스로 발을 빼는 법이 없는 마력도 2차 행사의 독특한 즐거움에 있다고 자신 있게 얘기할 수 있다.

모두가 한 자리에 모여 함께 대화를 나누다 보면 정치, 경제는 물론 심지어 문화, 예술, 과학, 의학, 환경, 종교 그리고 심지어 연예에 이르기까지 정말 방대하고 다양한 이야기들을 주고받으며 낯선 도시에서 서로 함께 살아간다는 동지의식이 자연스레 자리를 잡게 된 것이다. 더러 회원 송별식이라도 있는 날에는 2차로 끝나지 않고 3차의 행사가 열리기도 했다.

모두 마음을 활짝 열고 얘기들을 주고 받다보면 한 배를 타고 있다는 생각에 쉬이 벽이 허물어지고 친해지기 때문에, 이 모임에 한 번 발을 들여놓으면 마치 거미줄에 걸린 곤충들마냥 진득한 인연의 울타리에서 쉽사리 벗어나지 못하는 것이다. 처음에는 조심스러워 하던 분들도 서너 차례만 모임에 함께하고 나면 금세 허물이 없어지고, 금요일이 되기만을 학수고대하며 해가 떨어지자마자 앞 다투어 테니스 모임을 찾게 되는 것이다.

어떤 이들은 교회의 구역모임도 마다하고 찾아오기도 하고, 어떤 이들은 출장스케줄을 테니스모임과 중복되지 않도록 조정하기도 하고, 또 어떤 이들은 가족여행을 떠났다가 12시간 이상의 운전을 하고 집에 돌아오자마자 라켓을 들고 모임에 나타나기도 했다. 이곳에서 테니스에 흥미를 느낀 이들은 귀국할 때, 반드시 아주 질이 좋은 고급라켓을 하나 장만하는 일도 빼놓지 않는다.

심지어 비가 조금 오는 날에는 코트의 물기를 제거하기 위해 누가 먼저랄 것도 없이 스펀지 밀대로 코트를 누비며 코트의 물기를 훔쳐내기도 한다. 한 주라도 건너뛰는 것을 용납하지 못하는 이들은 악천후로 도저히 테니스를 못치는 상황이 발생할 경우에는 볼링으로 종목을 바꾸는 한이 있어도 이 모임을 빠트리는 경우는 거의 없었다. 무엇이 이들로 하여금 금요일 저녁만 되면 만사 제쳐두고 정해진 장소로 부르지 않아도 나오게 하는 것일까? 이론의 여지없이, 우선 테니스 치는 것이 재미있고 건강유지 도움을 받을 수 있기 때문일 것이다. 그러나 무엇보다 이 모임이 외국생활의 단조로움을 덜고, 테니스를 매개로하여 서로의 외로운 마음을 툭 터놓고 교류할 수 있는 길을 틔워 놓으며 삶에 활력소를 제공하는 청량제 역할을 해 왔기 때문이다. 게임 도중이나 전후에 허심탄회하게 서로의 마음을 주고받는 동안 자연스레 교분이 형성되면서 불과 몇 개월 만에 수십 년 사귀어 온 지기처럼 마음을 확 터놓고 얘기들을 주고받을 수 있는 관계로 발전하게 되는 것이다.

또 하나 간과할 수 없는 요소는 사계절 전천후 테니스라켓을 놓지 않아도 될 만큼 축복을 주는 천혜의 날씨이다. 이러한 날씨 덕분에 회원들 간의 만남과 친목도모의 장이 연중무휴로 가동될 수 있기 때문이다. 혹한의 겨울이 없는 이곳의 날씨는 이 모임이 운동 외적인 요소로 중단될 수 있는 가능성을 원천적으로 봉쇄하고 있다고 할 수 있다. 비록 거창한 모임은 아닐지라도, 이 물설고 낯선 타국 땅에서도 단비와 같은 인연의 샘물로 목을 축일 수 있는 샘터가 있음에, 자칫 무료하거나 갈증을 느낄 수 있는 단조로운 생활을 이겨낼 수 있으니 얼마나 다행하고 고마운 일인가.

C형에게

　밤이 깊었습니다. 이 밤에 조용히 C형을 생각하면 참으로 많은 생각이 스쳐갑니다. 이곳 달동네 아파트에서 C형과 첫 대면하고 인사를 나눈 지도 벌써 18년이란 세월이 흘렀습니다. 처음 만난 그 날부터 C형에게 뭔가 예사롭지 않은 느낌이 다가왔지만, 이렇게 질기고 긴 인연을 이어가리라고는 제 자신도 미처 생각하지 못했습니다.
　그동안의 경험에 비추어, 불혹을 한참 넘긴 이 나이에 새로이 인연의 고리를 만든다는 것이 여간 힘든 일이 아님을 알기에, 솔직히 처음에는 그저 스쳐 지나가는 인연쯤으로 생각하며 큰 의미를 두지 않았습니다. 초심을 이어가지 못하고 끝내는 흐지부지하고 마는 경우가 대부분이었기 때문입니다. 처음 뵈었을 때, 골 깊은 주름살이 많아, 어렵고 굴곡진 삶을 살아오셨을 것 같은 짐작을 했습니다. 예사롭지 않은 눈빛과 카랑카랑하신 목소리에 뭔가 남다르다고 느꼈습니다만, 후일 저와 이렇게 단단한 인연의 고리를 형성하게 될 줄이라곤 추호도 몰랐습니다. 사실, 그동안 C형께서 살아오셨던 그 굴곡진 삶의 면면을 조금씩 더 알게 되면서, 그때마다 얼마나 많이 안타까웠는지 모릅니다.

사람이 살아가다보면 크게 얻을 수도 잃을 수도 있음을 누구보다 뼈저린 경험을 하셨지요. 사실, 졸지에 재물을 얻어 부자가 되는 이들이 있는가 하면, 재물을 한꺼번에 모두 잃어버리고 견디기 힘든 고통 속에서 아픔을 삼키며 살아가는 이들도 주변에서 심심찮게 보아 왔습니다만, 설마 C형께서 그런 허망한 삶의 한복판에 서 계실 줄은 정말 몰랐습니다. 수년전 IMF란 뜻하지 않은 복병을 만나 삶의 명암이 처절하게 엇갈리는 안타까운 현장들을 목도하며 몸서리쳤던 우리들이지만, C형께서도 그들의 아픔에 못지않은, 아니 어쩌면 그들보다 더 처절하게 짓밟히고 망가진, 삶의 터널을 헤치고 나오시지 않았나 짐작됩니다.

정말로 남부럽지 않았던 재산을 졸지에 모두 잃고 힘든 삶을 살아가시는 C형을 생각하면, 삶의 파고란 이렇게도 엄청난 것일 수도 있구나 하는 생각에 할 말을 잊고 맙니다. 그러나 이런 엄청난 변화를 겪는 동안 오히려 인생의 참 의미를 깨닫고 그 고통을 밝은 빛으로 바꾸신 분이 바로 C형이 아니신가요. 한때, 이름난 부자이셨던 선친에게 큰 재산을 물려받아 결코 남부러울 것 없는 생활을 하셨을 텐데, 그 많은 재산들을 연기처럼 날려버리고 이제 물설고 낯선 이 땅에 빈손으로 오셔서, 하루하루 힘들게 살아가시는 임을 생각하면, 인생이 이렇게 허망한 것인가 하는 생각 때문에 몸서리를 치게 됩니다.

사람이 소유와 탐욕으로부터 온전히 비켜 서 있기란 결코 쉽지 않음을 느껴왔습니다마는, 물질과 정신은 결코 양립할 수 없음을 당신의 삶을 통해 가슴깊이 깨달을 수 있었습니다. 물질을 얻으면 정신은 오히려 피폐화되기 쉬운 반면, 물질적인 욕심을 걷어내면 반대로 정신적 자유와 풍요를 누릴 수 있음을 일깨워 주셨지요. 제 주변을 아무리 둘러보아도 C형만큼 큰 폭으로 삶의 파고와 격랑을 겪으신 분을 보지 못한 것 같습니다. 그러나 제가 C형의 말씀에 귀와 가슴을 열고 경청하게 되는 것은 형이 겪어 오신 그 파란만장한 인생살이 때문만은 아닙니다. 공중분해 되어 흔적도 없이 사라진 재산과 어려운 상황에도 비관하지 않고, 그 어려움을 통해 인생의 참 의미를 깨닫고 어둠을 빛으로 바꾸어 승화시키는 삶의 진지한 자세가 저에게 커다란 삶의 교훈으로 다가왔기 때문입니다.

자신이 지금껏 고생을 모르고 살았더라면, 남의 아픔과 어려움을 결코 이해할 수 없는 오만한 사람이 되었을 것이라며, 현재의 궁핍한 삶을 결코 비관하지 않고 오히려 감사히 받아들이는 삶의 자세에 감화되었기 때문입니다. 한때는 저와 만날 때마다 나옹화상의 선시를 눈을 지그시 감고 자주 읊으시곤 했죠. 체념이 아니라, 자신에게 주어진 처지와 운명을 겸허히 수용하며 구도자적인 자세를 취하시는 모습에 감동받았습니다. 저도 워낙에 좋아하는 시이기도 했었지만, C형의 음성을 통해 비로소 진정한 의미로 살아나서 나에게 다가왔다고 할 수 있습니다.

> 청산(靑山)은 나를 보고 말없이 살라하고
> 창공(蒼空)은 나를 보고 티없이 살라하네
> 탐욕(貪慾)도 벗어놓고 성냄도 벗어놓고
> 물같이 바람같이 살다가 가라하네
> — 나옹선사

이 짧은 시 속에 삼라만상의 섭리와 삶의 지침이 모두 들어 있다고 말씀하시곤 했죠. 힘든 일을 만나실 때마다 이 시를 떠올리며 자신의 마음을 다스리고 위로를 얻어 왔다는 C형의 말씀에 공감하며, 저도 제 마음을 다스리는 삶의 지침서로 활용하고자 했습니다.

티없이 살라는 말을 마음에 새기며, 마음을 깨끗이 하고 겸손하게 사랑을 베푸는 C형의 삶은 정말 위의 시와 너무나도 잘 부합한다고 생각해 왔습니다. 탐욕에 대해서도 하실 말씀이 많으시겠지요. 세상일을 복잡하게 저울질하지 않고 늘 손해를 본다는 생각으로 살아가면 된다고 하셨지요.

고통과 절망 앞에서 힘들어 하기보다 오히려 이를 통해 욕심과 두려움의 껍질을 벗고, 어렵게 고통받는 이들의 마음을 헤아릴 수도 있게 되었으니, 이보다 더 큰 축복이 어디 있겠냐고 말씀하실 때는 눈물이 핑 돌았습니다. C형이 겪으신 그 엄청난 삶의 무게에 비하면 정말 아무것도 아닌 작은 고통과 어려움을 끌어안고 불안해하며 절망하던 제 모습이 한없이 초라하게 다가오더군요.

해가 뜨면 이내 사라지고 마는 이슬처럼 짧고 덧없는 것이 우리의 인생임을 깨닫고, 눈앞의 작은 이익과 욕심 앞에 흔들리지 않으며 인생을 좀 더 진지하고 열심히 살아야겠다고 생각을 하곤 합니다. 꺼질 듯 꺼질 듯하면서도 꺼지지 않고 자신을 태우며 세상의 어둠을 걷어내는 촛불처럼 귀한 삶을 가꾸어 가시기를 바라며 오늘은 이만 쓰겠습니다. 늘 강녕하십시오.

운명의 만남

　물빛 고운 카리브 해 남단에 산호초들이 에워싼 그림 같은 작은 섬이 하나 있다. 이름하여 Bonaire.
　사방에는 눈이 부실 듯한 하얀 백사장이 있고, 가지를 늘어뜨린 야자수 잎들이 야성적이며 고혹적이다. 푸른 숲 사이로 빨간 지붕의 방갈로가 드문드문 이어지고, 끊임없이 밀려 왔다 제풀에 스러지는 파도의 넋두리도 정겹다. 열대의 잔인한 직사광선을 무색케 하는 아베크족들의 뜨거운 사랑이 뒹굴고, 뱃고동을 울리며 지나가는 스페인풍의 상선들이며 석양에 불타는 노을을 마주하면 누구나 시인이 되고, 철학자가 되는 낭만의 섬이다.
　눈을 돌려 바다 속을 들여다보노라면 화려한 무늬와 원색의 빛깔을 띤 열대어들이 형형색색의 산호초 사이를 요리조리 헤엄치고 다닌다. 그야말로 수중 낙원이다. 용궁에 초대되어 기이한 예술 공연을 보고 있는 느낌이다. 이 환상의 바다는 전 세계 '스쿠버다이버'들의 선망의 대상이기도 하다. 평생 단 한 번만이라도 이 바다에 뛰어들고픈 유혹에 몸살을 앓는다.

천혜의 아름다운 이 섬과 나는 10여 년의 끈끈한 인연을 맺고 있다. 결코 평범하지 않는 내 삶에 옹이 같은 추억과 상처를 안겨 준 곳이기도 하다. 어쩌면 내 남은 생애에 던져진 숙명적인 과업인지도 모른다. 그 만만치 않은 숙제 하나를 내게 남기고 간 분은 당시 나의 지도교수였던 '데이비드' 교수이다.

이 섬의 탄생과 진화에 얽힌 비밀을 함께 연구해 보자고 제의했던 그는 누구보다 학문에 대한 열정이 뜨겁고 삶에 진실했던 분이다. 그는 이 섬에 대한 연구로 젊음과 온갖 정열을 불사르다 이 열사의 신작로에서 고귀한 생명을 잃었다. 그를 생각하면 아직도 가슴이 답답해진다.

데이비드 교수의 안내로 매년 여름이면 우리는 여러 가지 답사 장비를 챙겨서 이 섬을 찾았다. 몇 달씩 함께 기거하면서 온 산야를 헤집고 다니는 강행군을 계속했다. 20분만 직사광선에 피부가 노출되면 화상을 입을 만큼 엄청난 뙤약볕이었다. 그 뙤약볕 아래에서 긴 팔 셔츠와 두꺼운 바지를 입고 답사를 다니느라 갈증과 허기에 시달렸다. 등줄기가 타는 듯한 무더위쯤은 젊은 오기로 또 견딜만했다. 사방에 날카로운 침을 드러내어 사정없이 전신을 침입하는 선인장무리들의 공격은 참으로 견디기가 힘들었다. 두툼한 바지를 뚫고 사정없이 속살을 파고드는가 하면 때로는 등산화바닥을 뚫고 들어 피가 흥건히 고인 신발로 질퍽대며 걷기도 했다. 그

것은 소리 없는 총칼이었다. 그야말로 자연과 인간의 처절한 싸움이라고 할까.

지구가 간직한 지상 위의 마지막 자연, 어쩌면 이곳은 신이 숨겨둔 비장의 카드인지도 모른다. 그런 곳을 무례하게 침입한 인간에 대한 보복이었을까. 날마다 전쟁터를 방불케 하는 긴장감 속에 터벅터벅 섬을 휘젓고 다니다보면 기절초풍 가슴을 쓸어내리게 하는 참으로 짓궂은 미물도 만난다. 바위틈 사이마다 숨을 죽이고 있다가 사람의 인기척에 화들짝 놀라 달아나는 이구아나들이다. 그렇게 악전고투하면서 이 섬에 얽힌 결정적인 단서나 정보들을 놓칠세라 우리는 혼신을 다해야했다.

우리가 이처럼 지옥 같은 답사를 강행하고 있을 때, 한편 섬 해안에는 신선 같은 그림도 있었다. 해양레저를 즐기는 '스쿠버 다이버'들이다. 환상의 산호초들 사이를 유유히 누비는 인어 같은 사람들과 형형색색의 열대어가 어울려 그야말로 열락의 천국이다. 천국과 지옥이 따로 없다.

아무튼 많은 유혹과 어려움을 극복하며 열심히 탐사한 덕으로 적지 않은 정보도 얻은 셈이다. 이 섬의 흘러온 역사와 유래, 그에 관련된 신비의 수수께끼들을 조금씩 풀어낼 수 있었다. 열대어들이 노니는 현생의 산호초들처럼 한때는 바다 속에 있었던 화석산호초들이 지상에 드러나 살을 깎는 모진 비바람을 견뎌내고 있었음도 알아내었고, 그 고운 화석의 산호초들이 간직한 온갖 풍상의 역사도 조금씩 베일을 벗겨내는 재미에 우리는 힘든 줄도 몰랐다.

　이렇게 화석산호초의 비밀을 밝혀내고 그 신비에 취해 힘들지만 나름대로 보람을 느끼며 정열을 불태우던 어느 날, 데이비드 교수는 갑자기 하늘의 부름을 받고 불귀의 객이 되고 말았다. 자신의 꿈을 펼치던 바로 이 섬 백주의 신작로에서 44살 생애의 막을 내렸으니. 그것은 내게는 크나큰 충격이요 슬픔이었다. 그가 이루지 못한 꿈, 그가 남긴 한과 눈물을 고스란히 내가 안아야 한다는 숙명의 과제를 부여받은 셈이다. 삶이란 참으로 허망하고 보잘것없다는 절망감에 한동안 휘청대기도 했다. 하지만 분명한 건 그는 내 곁을 떠났고, 그가 꿈꾸었던 일생일대의 숙원사업은 고스란히 내가 짊어져야 한다는 사실이다.

　사람은 죽음을 예감한다던가. 데이비드 교수는 평소에 엉뚱한 말을 농담처럼 던지곤 했다. 자신이 시작한 연구를 내가 맡아 해야 할 지도 모른다는 둥. 사십대 젊은 교수답지 않게 넋두리를 하더니 그 농담 같은 얘기가 현실이 되고 말았다. 그의 연구실에 허망하게 남아있던 빈 의자. 며칠째 주인을 기다리고 있는 그 쓸쓸한 의자를 지켜보며 그의 죽음이 점점 현실로 다가왔다. 그 힘든 현실을 어렵게 인정하며 나는 새로운 각오를 다져야했다. 그 슬픈 영혼을 위해서도 마음으로 약속을 했다. 당신이 풀고 싶어했던 그 수많은 과제를 다 할 수는 없겠지만 그 과업의 일부라도 이어 받아 기어이 풀어보겠노라고. 당신을 위해서도 내 남은 열정을 바쳐

보겠노라고.

　결국 그가 남기고 간 숙명의 과제를 안고 끙끙대다 다시 미국으로 옮겨왔다. 그 이후에도 나는 틈만 나면 그 섬을 찾았다. 그 동안 나름대로 많은 연구자료들을 모으고 분석하며 섬이 간직한 비밀의 열쇠를 풀어내려 많은 노력을 했다. 그러나 나는 안다. 내 작은 능력으로 억 년의 신비를 파헤치기에는 역부족이라는 것을…. 계란으로 바위 치기만큼이나 무모한 작업이지만 데이비드 교수, 그를 위해 포기할 수는 없었다. 아직은 긴 여행의 출발선에 선 기분으로 달려 보리라.

　그 때문에 치러야할 혹독한 고통과 외로움을 감수하고서도 나는 이 일을 중단할 수 없었다. 지옥과 천국이 공존하는 섬, 그를 향한 집념은 무모한 짝사랑이라 해도 좋다. 사람이 어디에건 신명을 바쳐 정열을 불태울 수 있다면 그 자체가 행복한 일이 아닌가.

아름다운 도전

　S씨 부부를 처음 만난 것은 20여 년 전 북미의 어느 작은 학생촌에서였다. 그는 아주 허름한 학생 아파트의 같은 층에서 서로 마주보고 사는 나의 이웃이었다. 당시 나와 같은 아파트에서 지내던 K씨는 자나 깨나 영어성경책을 품고 지내는 아주 독실한 기독교인이었고, S씨 부부는 천주교인이었다. 가까이 살면서 친해지자 어느 날부터 이들은 서로의 집을 왕래하며 함께 기도드리는 시간을 갖게 되었다. 신앙인으로서 착실하게 살아가는 이들에게 서로의 종교가 다름은 아무런 장벽이 되지 않았다. 나와 함께 지내던 K씨는 신앙이 참으로 뜨거운 사람이었다. K씨의 기도가 시작되면, 신앙이 제대로 서지 않았던 나조차 왠지 가슴이 뜨거워질 정도였으니, 당시 이 분의 기도는 정말 대단한 폭발력을 지니고 있었다.
　천주교에서 체험하지 못했던 신앙의 뜨거움을 K씨의 기도를 통해 체험했던 S씨 부부는 이때부터 기도에 몰입하는 신앙생활을 시작했다. 이미 얼마간 예열되어 있던 이들의 신앙생활에 K씨의 뜨거운 기도의 불길이 닿자 금세 점화되어 이들 부부의 신앙은 걷잡을 수 없이 뜨겁게 타올랐다. 함께 기도를 시작한 지 얼마 되지 않아, 먼저 부인의 입에서 방언이 터졌고 부인과 방언기도로 소통할 수 있게 해달라고 절실히 기도하던 S씨의 입에서도 이틀 만에 연이어 방언기도가 터져 나오기 시작했다. 당시 이 사건이 주변에 알려지면서 한국 유학생들 사이에 신앙의 불길이 들불처럼 번져나가기도 했다.

모처럼 지펴진 신앙의 불꽃을 늘 가슴에 안고 살아가던 S씨는 학위를 마치고 미국의 유명한 사학인 시카고 로욜라대학의 교수로 부임하였다. KS로 대변되는 대한민국 최고의 엘리트 코스를 거쳐 미국에서 박사학위를 받고 미국에 소재한 저명한 대학의 교수까지 되어 안정된 생활을 누리게 되었으니, 현실적으로 보면 남부러울 것 없는 분들이다. 그러나 현실에 만족하며 안주하다가, 어렵게 지펴진 신앙의 불꽃이 식어지는 것을 두려워했다. 뭔가 세상을 위해 할 수 있는 좀 더 뜻 깊은 주님의 사명을 감당할 수 있기를 희망하던 이들 부부에게 새로운 전기가 찾아왔다.

어느 날 신문을 읽다가 우연히 미국의 위클리프 성서번역 선교회에서 파푸아 뉴기니아로 파송할 선교사를 찾는 광고를 접하게 되었다. 순간, S씨는 자신에게 뉴기니아 선교사로 가라는 소명을 감당하라는 부르심이라고 직감하고선, 조심스레 아내에게 자신의 생각을 얘기했다. 그의 생각을 들은 부인은 한 치의 망설임도 없이 자신도 비슷한 생각을 하고 있었다면서 오히려 남편의 생각을 반기며 흔쾌히 동의했다.

이렇게 하여, 교수로서의 안정된 직장과 생활을 박차고 이들 부부는 선교사로서의 고단한 발걸음을 스스로 내딛었다. 최고로 발달된 문명의 혜택을 누리다가 갑자기 지구상에서 최고의 오지인 파푸아 뉴기니아로 삶의 행로를 바꾸기가 결코 쉬운 일이 아니었지만 이들의 결심은 확고했다. 자녀들이 둘이나 있었지만, 확고한 믿음과 신앙의 힘으로 큰 용기를 낼 수 있었다.

곧바로 달라스로 거처를 옮겨 성서번역훈련소에 등록했다. 이곳에서 파푸아 뉴기니아에서도 오지 중의 오지에 속하는 마릭의 부족언어를 2년 동안 익힌 다음, 인구 4천여 명의 오지마을로 이주했다. 선교초기에는 원주민들의 불신과 적대감으로 수많은 어려움과 도전에 직면했지만 그때마다 믿음과 신앙으로 극복하며 지내온 세월이 벌써 13년째로 접어들었으니 참으로 대단한 일이 아닐 수 없다. 파푸아 뉴기니아에는 소수 부족들이 자기네들끼리만 사용하는 토속부족언어가 무려 9백 개에 이른다고 한다. 깊숙한 정글에서 서로 떨어져 지내다보니 언어의 국지화 고립화가 극심하여, 그나마 성서가 소개된 부족은 2백여 개에 지나지 않는다고 한다.

이들 선교사부부가 이곳에서 맡은 주된 사명은 마릭 부족의 언어로 성서를 완역하는 일이다. 그동안 각고의 노력에 힘입어 마릭 부족의 언어로 완역된 성경이 머지않아 출간될 것이라고 한다. 하지만 문명과 동떨어진 오지에서 맡은 어려운 사명을 감당하느라 그동안 이들이 겪어 왔던 육신과 마음의 고통들을 멀리 있는 자가 어찌 다 헤아릴 수 있으랴. 원래부터 몸이 약해 보였던 부인은 많은 날을 병과 씨름하며 지내야했고, 자녀들의 교육문제와 다른 걸림돌 때문에 여러 가지 예상치 못한 어려움들을 겪었어야 했을 것이다. 오직 단단히 무장한 믿음 하나로 꿋꿋하게 버티면서 용기 있게 어려운 삶을 개척해나가고 있는 이들 부부를 생각하면, 다양한 문명의 혜택들을 두루 누리면서도 만족하지 못하고 불평불만을 털어놓곤 했던 나 자신을 절로 되돌아보게 된다.

  이들 용기 있는 선교사부부가 앞으로 주어질 여러 가지 어려운 사명들을 잘 감당하며 건강히 지낼 수 있기를 진심으로 기원하며, 그들의 아름다운 정신과 불굴의 도전이 값진 결실을 맺을 수 있도록 마음의 성원과 함께 큰 박수를 쳐드리고 싶다.

가난한 천사부부

아무런 연고도 없는 이역만리에서 긴 세월 살다보니, 자의든 타의든 새로운 인연의 고리들이 만들어지기 마련이다. 이런 인연들 중에도 각별하게 느껴지는 인연들이 있다. 나에게도 몇 년 전에 남다른 인연의 고리 하나가 새롭게 만들어졌는데, 패트릭과 줄리가 그 주인공들로 이들은 띠동갑의 백인부부이다.

내가 이들 부부를 처음 본 것은 6년 전 여름이었다. 보통사람들의 두 배도 넘을 법한 육중한 몸집의 패트릭을 처음 보는 순간부터 생면부지라는 사실이 믿기지 않을 만큼 우리는 금세 친해졌다. 그에게는 애당초부터 첫 만남이란 어색함을 해소하기 위한 아이스 브레이크 같은 절차는 불필요한 것이었다. 통성명의 절차도 없이 다짜고짜 농담부터 건네는 거리낌 없는 친구가 그였으니 말이다. 이는 그가 지닌 특유의 활달하고 낙천적인 성격 때문이었다.

누구나 새 직장으로 옮기고 출근을 하면 처음의 낯설음과 어색함은 어쩔 수 없는 필연적 부담으로 다가오기 마련이다. 낯선 사람과 낯선 환경에 대한 두려움과 거북함들을 하루 속히 극복하고 새로운 둥지에 빨리 젖어들고 동화하는 것은 필연적으로 각자의 몫이 된다.

내가 새 직장으로 옮겨 새로운 분위기에 무난히 적응하고 익숙하게 될 수 있었던 것도 돌이켜보면 패트릭 특유의 밝은 성격과 자상스런 배려에 힘입은 바가 컸다. 행여나 낯선 분위기에서 내가 힘들어 할까봐 무던히도 애를 많이 써주었던 친구였기에 지금도 그에게 늘 고마움을 간직하고 있다. 세상을 바라보는 밝고 긍정적인 시선 덕분에 동료들도 그와 함께하는 시간은 늘 더불어 즐거웠었다.

날마다 보는 동료가 항상 밝고 긍정적인 사람이라면 함께 일하는 주변동료들에게는 더없이 좋은 선물이라고 했다. 그런 점에서 패트릭은 당시 내가 받은 아주 큰 선물이었던 셈이었다. 힘들고 심각한 얘기들은 가급적 멀리하고 밝고 가벼운 이야기들을 화두로 삼아 수시로 농담을 걸어오던 낙천적이고 유머감각이 풍부한 친구였다. 하루 종일 컴퓨터 앞에서 머리를 쓰느라 육체적, 정신적 피로가 최대치에 이를 즈음에 그가 건네주는 농담 몇 마디들은 업무로 쌓였던 피로감을 일거에 날릴 수 있는 청량제였다.

부모가 일찍 이혼을 하는 바람에, 어려서부터 냉혹한 현실로 내몰려 많은 고난과 역경들을 헤치고 살아왔을 테지만, 항상 얼굴을 밝게 펴고 다니던 그였다. 현실적인 어려움에 직면할 때마다, 도

피적인 방법을 선택하는 대신 미래지향적인 생각을 하며 스스로를 채근하는 일이 반복되면서 자연스레 몸에 벤 습성인 듯했다.

그를 몹시도 힘들게 했을 법한 고난과 시련들이 오히려 지금의 이해심 많고 낙천적인 그로 담금질해낸 스승이었을지도 모르겠다. 온갖 역경과 삶의 파고들을 체험함으로서, 오히려 밝은 미래를 향한 열망도 그만큼 더 간절하게 느꼈을 것이다. 고통의 터널을 벗어나기 위한 최고의 강력한 무기는 밝고 긍정적인 마인드를 지니고 사는 것임을 어린 나이로 진즉에 깨달았던 것이었을까.

줄리는 올해로 나이가 서른으로서, 패트릭의 아내이다. 비대한 남편과는 달리, 줄리는 오히려 약간 마른 편이다. 이 나라에서 흔히 볼 수 있는 전형적인 뚱뚱이와 홀쭉이 부부인 셈이다. 줄리 또한 심성이 천사처럼 착하고 고운 여인이다. 조금만 농을 섞어 농담을 건네면 금세 발그스레한 홍조를 띠는 소녀처럼 부끄러움을 잘 타는 앳된 미시여인이지만, 어려운 이웃들에게 항상 먼저 다가가 손을 내밀고 그들과 고통을 나누고자하는 천사이다.

그녀의 아버지는 미네소타와 사우스 다코다주를 오가며 거의 20년 째 낭인생활을 하고 있다. 동절기가 되면 아주 혹독하고 모질기로 소문난 도심의 헛헛한 거리에서 생불여사의 처지로 살아가는 아버지를 마음속에 늘 품고 살아왔던 그녀였다. 주위의 어려운 이웃들을 보면 그저 지나치지 못하고 어떻게 해서든지 도와주어야 직성이 풀리는 생활태도가 자리를 잡게 된 것도 그녀의 이러한 아픈 개인사 때문인 듯하여 마음이 아리다.

　서로 비슷한 형편에 놓인 자들이 부부의 인연으로 발전하기 쉬운 것은 어찌 보면 당연한 인연법이 아닌가. 우연이겠지만 줄리의 부모 역시 그녀가 어릴 적에 이혼을 했다고 한다. 부모의 따뜻한 사랑과 보살핌이 절실한 시기에 아마도 사랑의 갈증에 허덕이며 성장기를 보냈을 그녀였다. 이혼을 밥 먹듯이 하는 세태라 이혼이 더 이상 이슈거리가 되지도 못하지만, 이들의 입을 통해 전해 듣는 부모의 이혼 이야기들은 내 마음에 아릿하고 쓸쓸하게 다가왔다. 부모의 이혼으로 몹쓸 칼바람이 삶의 궤적을 관통하며 어린 소녀의 가슴을 모질게도 후벼팠을 테지만, 늘 밝고 환한 모습으로 주위 사람들을 대하는 그녀에게서 아픈 상처의 흔적이나 어두운 그림자들이라곤 찾아볼 수 없었다. 아마도 그녀가 모질도록 붙들고 매달렸던 신앙생활이 그녀를 옳고 바르게 살도록 여태껏 잘 붙잡아 주지 않았을까 짐작을 해본다.

　지금까지 이들 부부를 가까이서 자주 보아 왔지만, 단 한 번도 나의 면전에서 남편의 흉을 보거나 신랑과 말다툼하는 것을 본 적이 없다. 비록 어려운 살림살이이지만, 서로 의지하며 살아가는 모습은 세상 어느 부부보다 아름답고 정다워 보였다. 천생연분이나 잉꼬부부란 말은 바로 이들 부부에게 쓰라고 만들어진 말이 아닐까 싶을 정도로 둘의 돈독한 정은 남다른 데가 있었다. 항상 남편의 뜻을 존중하며 따르는 모습도 인상적이었다. 그녀의 그러한 행신(行身)을 볼 때마다, 여성의 지위가 높고 목소리도 큰 이 나라에서, 한국의 전통여인상을 떠올리게 되니 참으로 아이러니가 아닐 수 없다.

세상에 특별히 내세울만한 것도 없고 거동도 자유롭지 못한 남편이지만, 남편에 대한 볼멘소리나 싫은 내색들은 일절 없었다. 몸이 계속 불어서 화장실 뒷처리조차 힘들어지게 된 남편이지만, 남편의 뒷바라지에 항상 헌신적으로 최선을 다하던 그녀였다.

아무리 어려운 현실적인 파고가 닥쳐와도, 믿음을 바탕으로 항시 미래에 대한 희망과 꿈을 놓지 않았던 패트릭과 줄리. 이들에게서 일전에 들은 얘기 하나가 생각난다. 한 번은 둘이 월마트에 들렀다가, 아주 혹한의 날씨에 박스를 깔고 자고 있는 한 낭인을 이들 부부가 발견했다. 이들은 이후 그 걸인을 몇 차례 찾아가 준비한 음식들과 모포를 건네주었던 모양이다. 이 걸인을 보면서 이들의 머릿속에는 미네소타의 어느 외진 동토에서 모진 겨울밤들과 사투를 벌이고 계실 아버지의 모습이 스쳐 지나갔을 것이다.

평소에 이들이 사는 방식은 늘 이러했다. 자신들의 형편으로 도울 수 있는 일들을 찾으면 한 치의 주저함이나 망설임없이 실천에 옮기는 그들이었다. 상대의 기쁨이 곧 나의 기쁨이라는 믿음을 갖고 봉사하고 실천하는 삶은 그들에겐 그저 보통의 일상일 뿐이었다. 이들 부부가 일상 중에 보여주는 소소한 선행들은 일일이 열거할 수 없을 정도로 많다. 금요일 오후면 걸인들이 많이 사는 지역에 들러 그들에게 나눠 줄 음식을 준비하고 배식하는 일에 팔을 걷어붙였다.

그들이 돕고자 하는 이들은 비단 어려운 이웃들뿐만이 아니다. 어떤 부탁을 받으면 마치 자신의 일인 양 늘 부부가 함께 발 벗고 뛴다. 지난 여름, 그가 한국에 방문했을 때 만났던 한 지인이 이곳을 방문한다는 소문을 듣고선 어느 누구도 시킨 적이 없었지만 20인분이 넘는 안심스테이크를 정성껏 재워 와서 모두들 맛있게 나누어 먹었던 일도 있다. 이처럼 주변의 지인들을 챙기는 일에도 한 치의 소홀함이 없이 늘 수고를 아끼지 않는다.

어쩌다가 내가 있는 사무실에 찾아올 때면, 손수 장만한 음식이나 물건들을 꼭 챙겨와서 건네주고 간다. 혹, 나의 부재 시엔 빈 메모지 같은 곳에 밝은 인사말과 함께 준비한 음식들을 남겨 두고 가기도 한다. 자신들의 생활비조차 감당키 어려워 카드빚은 줄어들 기색이 없지만, 미래에 대한 희망의 끈을 놓지 않고, 어려운 이웃들에게 항시 베풀며 밝게 살고자 애쓰는 이들 부부를 생각하면 늘 안쓰럽다. 작지만 아름다운 나눔을 실천하며 즐겁게 살아가는 이들이 언젠가 밝은 미래로 화답 받을 수 있기를 간절히 바란다.

이 세상 어디엔가 이런 아름다운 이들이 함께 어울려 사는 곳이 있다면, 그곳이 바로 천국이 아닐까.

의리의 사나이

　스캇은 좀 뚱뚱한 편이지만 키가 커서 눈에 거슬릴 정도는 아니다. 무엇보다 아주 솔직하고 남자답다는 것이 이 친구의 큰 매력이다. 모르는 것을 부끄럽다 생각하지 않고 솔직히 인정하며 상대에게 최대의 예우와 자세를 갖추어 배움을 청하는 모습은 주위에서 쉽사리 찾아볼 수 없는 그만의 매력이다. 때때로 과하지 않은 농담을 하여 적당히 분위기도 띄울 줄 알고, 어쩌다 도움을 청하면 자신의 일들을 제쳐두고 팔을 걷어 부칠 줄 아는 친구다.
　그에게 가장 행복한 일은 남을 도우는 일이라는 생각이 들게 할 만큼 주변의 사람들로 하여금 감탄을 자아내게 만든다. 서두부터 장황하게 스캇에 대한 칭찬을 아끼지 않는 이유는, 그가 둘도 없는 나의 절친이기도 하지만 무엇보다 내게 부족한 소양들을 두루 갖추고 있어 나로 하여금 늘 많은 것을 배우고 깨닫게 해주기 때문이다.
　스캇을 처음 만난 것은 내가 휴스턴으로 이주해온 지 얼마 되지 않았을 무렵이었다. 처음엔 그와 이토록 남다른 우정을 나누게 되리라곤 꿈에도 생각지 못했다. 앞에 나서서 좀 설친다는 느낌을 첫 인상으로 받았을 뿐만 아니라 너무 솔직하고 대담하여 더러 상대방을 당황케 만드는 것 같아 조금은 거부감마저 들었다.

당시 어떤 수업을 함께 수강하게 되었지만, 이러한 생각 때문에 인사말 이외에는 서로 거의 대화도 주고받지 않았다. 그런데 공동연구를 수행하고 보고서를 제출하고 발표도 해야 되는 프로젝트가 있었는데 공교롭게도 스캇과 내가 같은 조가 되었다. 우리는 이 공동프로젝트를 함께 수행하기 위해 좋든 싫든 자주 만나 토의를 하고 아이디어도 함께 짜내어야만 했다.

그와 함께 프로젝트를 하는 동안, 내가 잘 몰랐던 그의 실제 품성을 조금씩 알 수 있었고 점점 그의 인간 됨됨이에 반해 버리고 말았다. 겉모습이나 일시적으로 드러나는 한두 가지 행동만 보고 사람을 섣불리 판단하는 일은 때로는 그릇된 오해나 편견을 불러오는 주범임을 알게 되었다. 내면의 진실을 미처 알기도 전에 잘못된 선입견만으로 사람을 판단하고 대하지 말아야겠다는 사실을 뼈저리게 깨달을 수 있었다.

이외에도 내가 스캇에게 반하게 된 많은 이유들이 있었지만, 빠트리지 말아야 할 것은 그가 무엇보다도 상대의 단점보다는 장점을 알아내고 그 장점들을 열심히 배워서 자기 것으로 만들어 가는 삶의 자세였다. 상대의 능력을 과소평가하여 무시하거나 자신의 능력이나 지식을 앞세워 거드름을 피우는 일도 없었다. 지식의 잣대만으로 다른 이들을 무시하거나, 자신보다 나은 지식을 갖고 있는 이들의 실력을 쉽게 인정하지 않으려는 알량한 자존심 같은 것들은 아예 찾아볼 수 없었다.

상대의 단점이나 약점을 찾아내어 부각시키려는 소인배가 결코 아니었다. 나이나 학력, 또는 신분이나 지위에 상관없이 남의 장점이나 식견들을 인정하고 그들을 배우기 위해 자신을 낮출 줄 알았다. 또 자신이 받은 도움들에 대해서는 무슨 수를 써서라도 늘 그 이상으로 되돌려 주려고 노력하는 자세를 보여 주었다.

나와 어떤 문제로 토의를 하게 되면 상대인 내가 주장한 생각들을 깨알같이 받아 적고 거기에다 자신의 생각들을 첨가한 노트를 깔끔하게 정리 복사하여 부탁하지 않았는데도 나의 몫이라며 건네주곤 했다. 자신이 모르는 것에 대해, 절대 허장성세(虛張聲勢)하지 않았고, 자신이 알고 있는 정보들은 필요한 이들에게 아낌없이 나누어 주던 친구였다. 자신이 필기한 노트는 물론 귀중한 데이터나 참고자료들도 필요하다고 하면 아예 박스째로 건네주면서 마음껏 활용하라고 할 만큼 멋진 친구였다.

함께 공동 프로젝트를 수행하며 점점 가까워진 우리는 이 강좌가 끝날 무렵에는 어느새 세상에서 둘도 없을 만큼 절친한 친구가 되어 있었다. 프로젝트를 함께 성공리에 수행했다는 기쁨보다 항상 마음을 열고 다가설 수 있는 친구 하나를 얻었다는 기쁨이 더 큰 보람으로 느껴졌다.

우리는 늘 마음을 활짝 열고 서로의 의견을 존중하며 열심히 토의하였고, 역할분담도 아주 이상적으로 이루어졌다. 여러 차례 토의 끝에 둘의 아이디어가 취합되자 나는 그들을 효과적으로 정리하는 일에 치중하였고, 그는 우리의 노력들이 헛되지 않도록 좋은 발표를 하기 위해 온 힘을 기울였다. 그 결과, 숙제로 받은 공동프로젝트에서 우리는 좋은 등급을 받을 수 있었다.

공동프로젝트를 통해 서로 흉허물이 없을 만큼 친해진 덕분에 그 강좌가 끝난 후에도 우리는 인연의 끈을 놓지 않았고 더러 한국식당에도 같이 들르게 되었다. 한국식당에 가자고 내가 제안하면 언제든지 환영이었다. 미 해병대 출신이었기 때문에 세계 각처를 돌며 세계만방의 음식들을 두루 먹어 봤었지만, 한국의 음식들만큼 다양하고 맛있는 음식을 먹어 본 적이 없다고 주저없이 말하는 친구가 스캇이었다. 그가 한국음식을 이처럼 좋아하게 된 이면에는 특별한 이유가 있다. 그 얘기는 다른 글에서 언젠가 따로 소개드릴 기회가 있을 것으로 생각된다.

이런 멋진 친구를 만나 우정을 계속 이어갈 수 있게 되었으니 나는 그래도 참 인복이 많은 것 같다. 이 멋진 우정이 평생토록 빛을 발할 수 있도록 앞으로도 노력을 아끼지 않아야겠다고 다짐을 해본다. 언젠가는 스캇이 그토록 원하는 한국방문이 반드시 실현되어, 둘 사이에 평생 잊지 못할 보석과 같은 새로운 추억들이 만들어질 수 있기를 기대한다.

감나무에 심은 꿈

　H선생님 내외를 우연한 기회에 알게 된 곳은 만리타향 이국에서다. 그 인연의 각별함으로 우리는 금세 오랜 지인처럼 가까워졌다. 몇 차례 만나다보니 H선생님과 아내는 놀라운 공통점들을 갖고 있음을 알게 되었다. 대학의 선후배로서 같은 동향출신에다 시차는 있었지만 같은 중학교에서 교편을 잡았던 경력마저 같았다. 예사롭게 스쳐 지날법한 인연이 결코 아니었다. 이와 같은 경우를 두고 세상이 좁다고 하는 모양이다. 이런 인연이면 우리나라에서도 결코 가볍게 스쳐 지나치지 못할 텐데, 하물며 먼 나라 땅에서, 그것도 동포가 그리 많지 않은 텍사스에서, 알게 되었으니 그 반가움이 남다를 수밖에 없었던 것이다.
　내외분이 독실한 크리스천으로서 H선생님은 교회의 권사이고 바깥 분은 장로이다. 두 분 모두 무척이나 다정다감하고 자상하신 편이다. 당신들의 수입이나 살림형편도 넉넉하지 않으심에도 이웃들에게 나눠주고 베풀기를 자연스레 실천하시는 분들이었다. 우리

가족도 이 때문에 본의 아니게 자꾸 신세를 지게 되는 것 같아 미안한 마음이 들 때가 많다.

두 내외분은 개인의 영달이나 욕심 같은 것은 애당초부터 관심이 없으신 분들이었다. 당신들이 계획하신 큰 꿈과 비전을 세우고 그 목표를 향해 결코 서두르지 않고 계획하신 일들을 하나하나 착실하게 실천하고 계신다. 두 분의 구도자 같은 아름다운 삶의 모습을 가까이 보면서 부족하고 허물이 많은 우리 부부가 생활의 귀감으로 삼아 본받고 배워야 할 부분들이 많았다.

우리 가족이 채소 가꾸기를 좋아하는 것을 아시고, 어느 무더운 여름날 장로님은 먼 곳에 가셔서 자연산 마분비료를 손수 구해 와서 우리 집 뒤뜰에 뿌려주고 가셨을 뿐 아니라, 손수 재배하신 참외를 주위의 여러 가족들에게 두루 나누어 주실 만큼 정이 많으시다. 늘 이웃들에게 베풀기를 생활화하고 계신 분이 아닌가 싶다. 현재, 한국산 감나무 재배를 통해 장차 계획하시는 선교사업의 꿈을 이루기 위해 차근차근 일을 추진해나가고 계신다.

한국에서 익히신 감나무 재배법이 과연 텍사스 초지 위에서도 잘 적용될 수 있는지 실험은 모두 마치셨다. 평소 뿌리고 땀 흘린 만큼 정직하게 되돌려 준다는 땅의 순리와 하나님의 능력을 믿으며 시작하신 일이다. 앞으로 감나무 재배를 통해 얻은 수익금들을 선교사업에 지원하는 한편, 타지에서 내방한 많은 선교사들이 불편 없이 기거하시다 가실 수 있도록 감나무 농원 한켠에 편안한 시설의 선교원을 짓는 것이야말로 장로님이 간직하신 필생의 꿈이다. 이 필생의 숙원사업을 이루어서 하느님께 영광을 돌릴 수 있다면 여한이 없을 것이라고 입버릇처럼 말씀하셨다.

장로님이 감나무 밭의 기반을 조성하는 과정을 가까이서 지켜볼 수 있었다. 정말 쉽지 않은 과정이었다. 아무것도 없는 황무지에서 당신의 맨손과 맨발로만 시작해야 하는 일이니 자칫 무모한 일이라 여겨질 수도 있는 상황이었다. 우리 같은 보통사람이었으면, 감나무 밭을 일구어가는 과정이 워낙 힘들고 벅찬 일이라 중도에서 벌써 포기하고 말았을 것이다. 하지만, 장로님은 이순 후반인 고령임에도 믿음 하나로 버티며 필생의 숙원사업을 강단 있게 밀어붙이셨다. 그동안 여러 고비들이 있었으나 뚝심있게 잘 헤쳐나가신 결과, 이제 추진하던 일의 결실들이 조금씩 보이는 같다.

한 번은 도심에서 많이 벗어난 골프장의 한 부분을 빌려 임시로 조성하신 감나무 밭에 우리를 불러주셨다. 오랜만에 야외공기도 쐴 겸, 감나무 밭 옆에 재배한 우리나라 토종참외 맛도 보라는 취지였다. 오스틴으로 향하는 하이웨이를 차로 달려 약 반 시간쯤 달려서 장로님의 감나무 농원에 도착했다. 사방이 확 트인 광활한 골프장 한 쪽에 다소곳이 자리 잡은 시한부 감나무 농원. 또 한 번 이식의 과정을 거쳐야 완전히 제 자리를 찾게 되는 서러운 운명. 그런 사정을 아는지 모르는지 장로님의 감나무들은 텍사스의 강렬한 태양 아래서 씩씩하게 잘 자라고 있었다. 감나무 옆에 다소곳이 자리 잡은 조그만 참외밭. 마분을 넉넉히 공급받은 토지에서 자란 싱싱한 참외들이 넝쿨 사이로 노란 얼굴을 내밀고서 반가운 인사를 건네왔다. 노란색과 초록색의 아름다운 조화가 아릿한 정취를 불러낸다. 그동안 남모르게 흘리신 땀을 통해 얻어진 정직하고도 고귀한 결실이란 생각에 숭고한 느낌마저 들었다.

무에서 유를 만들어가시던 그 일련의 과정들을 가까이서 지켜볼 수 있었던 우리들이기에 그 기쁨을 함께 만끽할 수 있었다. 당신이 소유하신 재배농지가 없다보니, 이처럼 타인의 부지를 한시적으로 빌려 써야만 했다. 그 때문에 고욤나무에 접을 붙인 500주가 넘는 감나무 묘목들과 어린 나무들을 두 번씩이나 멀리 떨어진 장소로 이식해야하는 고통과 번거로움이 따랐지만 두려움 없이 묵묵히 그 일을 해내고 계시는 것이다. 이러한 모든 번거롭고 어려운 현실들을 헤치며 한 고비씩 넘기신 결과들이 이제 조금씩 열매로 나타나고 있는 탓에 그 기쁨이 남다른 것이다.

"세상에 꿈 없이 시작된 일이 없고, 땀 없이 진행된 일이 없고, 인내 없이 완성된 일이 없다."고 하지 않은가. "모든 과정에는 열정과 고통이 배어 있다."고 말씀하신 어느 목사님의 얘기가 스쳐간다. 열사의 땡볕 아래 삽 한 자루를 밑천 삼아 땀과 거친 박토와 씨름하여 일구어낸 귀한 결실이기에 그 어떤 금은보화와도 바꿀 수 없는 아름다운 감동으로 다가오는 것이다.

그동안 피땀으로 키우신 피붙이나 다름없는 300주의 3년생 토종 감나무들을 눈물을 머금고 다양한 곳으로 시집을 보냈다. 토지 매입의 자금을 확보하기 위해 어쩔 수 없는 선택이자 용단이었다. 덕분에 토지자금을 어느 정도 마련하실 수 있게 되었다는 소식은 듣던 중 반가운 소식이었다. 그동안 가로막고 있던 가장 중대한 고비 하나를 또 이렇게 넘기실 수 있게 되어 큰 다행이었다. 이처럼 몇 차례의 고비와 위기들이 찾아올 때마다 믿음에 의지해서 꿋꿋하게 이겨내셨다. 이제 그 믿음의 결실들이 조금씩 나타나기 시작하였으니 정말로 기적의 역사를 손수 일구고 계신 셈이다. 장로님의 꿈을 이루시는데, 하나님의 뜻이 어떻게 역사하고 증거하는지. 우리에게 꼭 보여주고 싶다고 하셨던 만큼, 이 점에서도 큰 기쁨과 보람을 느끼실 것이라고 믿는다.

아내의 선배이신 권사님도 또한 신앙과 의지가 대단하신 분이다. 역시 이순의 중반임에도 불구하고, 현재 어느 주유소에서 일하면서 가계를 꾸리고 계신다. 무릎상태가 정상적이지 않음에도 일주일에 54시간씩의 일과 신앙생활에 모두 충실하시면서 정말 열심히 살아가신다. 오랜 시간을 교직에만 종사하시던 분이라 낯선 직업을 선택한다는 것이 결코 쉬운 일이 아니었건만, 가족들의 생계를 눈앞에 둔 모성의 힘 앞에선 그 모든 기존의 관념이나 인식들도 한갓 사치일 뿐이었다. 주로 서서해야 되는 일이다보니 한때는 무릎이 심하게 아파 지팡이를 짚고 다녀야 할 정도로 상태가 악화되기도 했지만, 무릎 수술 후 현명하게 잘 치료하고 대처하여 지금은 별 무리 없이 일할 수 있게 되어 다행이라고 했다.

이역만리 타국에서 이토록 귀한 선배분들을 만나게 되었으니 이는 필시 하늘이 내린 선물이 아닐까 싶다. 두 분과 교제를 시작한 지 불과 2년 밖에 안 되었지만, 그동안 틈틈이 왕래하면서 살아온 얘기들을 주고받다보니 이젠 오래된 지인들처럼 가까운 이웃으로 지내고 있다. 여러모로 부족한 후배가족이지만 워낙에 성품이 넉넉하시고 인자하신 두 분 덕이라 여긴다.

허물이 많고 늘 실수를 반복하는 우리 인간들이기에, 더러는 잘못된 만남들로 인해 부대끼고 상처받으며 사는 일도 허다하다. 좋은 인연이란 서로의 부족한 소양과 미진한 부분들을 반성하고 보완해 가면서 상대를 이해하는 일이 무엇보다 중요하다. 좋은 만남은 외로운 영혼을 살찌우는 소중한 일이기에 우리들은 만남의 인연을 소홀히 할 수가 없는 것이다.

누구나 살면서 수많은 만남들과 마주하게 되지만, 그 만남들을 아름답게 이어가는 일은 생각보다 쉽지는 않다. 인연이란 부단한 관심과 배려를 통해 끊임없이 가꾸고 보살피지 않으면 금세 시들어버리는 화초와 같은 것이다. 그러니 새로운 만남들을 만들어 인생을 풍요롭게 가꾸어가는 일만큼이나 현재의 인연들을 잘 유지하고 관리하는 일도 매우 중요하다는 생각이 든다. 귀한 인연을 맺게 된 H선생님 가족과도 가까운 선후배이자 정다운 이웃으로 오래오래 함께하기를 바란다.

신념의 축복

 수잔은 아직 내가 만나 본 적은 없지만, 그녀와 나는 '벨리즈'와 '석유'라는 두 개의 고리로 인해 인연이 닿아있다. 언젠가 미루어 왔던 그녀의 이야기를 꼭 한 번 글로 담아내고 싶었다. 그녀의 스토리는 세상살이에서 쉽사리 만날 수 있는 이야기가 결코 아니기 때문이다.
 "무엇을 위해 사느냐?"는 질문을 하면 사람들은 저마다 다양한 대답들을 쏟아낼 것이다. 이 질문을 만일 수잔에게 했다면 그녀는 어떤 대답을 할지 무척 궁금하다. 그녀를 만나 그 답을 직접 들어 보지는 않았지만, 아마도 그녀는 일반인들에게서 흔히 들을 수 있는 평범한 답을 들려주지는 않을 것이 분명하다. 그녀가 살아온 결코 평범하지 않은 삶의 여정으로 미루어 조금은 특별한 답을 듣게 되리라 짐작된다.
 그녀의 이야기를 시작하자면 '벨리즈'라는 다소 생소한 나라의 소개를 하지 않으면 안 된다. 그녀의 삶을 이해하자면 이 나라를 떼어 놓고서는 아예 이야기가 성립되지 않기 때문이다. 벨리즈는 멕시코 남부에 위치한 유카탄 반도의 남동쪽 끝에 자리 잡고 있는 중미의 아주 작은 독립국이다. 카리브 해와 연해있는 천혜의 아름다운 자연경관과 오염되지 않은 주위 자연환경 때문에 전 세계 관광객들 사이에서는 오래전부터 널리 주목을 받아 왔다.

  이 나라의 해안선으로부터 바다를 향해 배를 타고 2, 30분쯤 나아가면 남북으로 줄지어 서 있는 그림 같은 산호초들이 반겨준다. 마치 외세의 침입에 대비해 벨리즈를 보호하기 위해 해상에 단단한 성벽을 구축하고 있는 모양새다. 자연을 사랑하고 아름답게 보존하라고 신이 특별히 이 나라에 내려준 은총의 선물이 아닐까하고 생각한 적이 있다. 이들이 그 규모가 세계에서 두 번째로 크다는, 해안선과 비슷한 방향으로 달리는, 유명한 산호초군도이다. 이 산호초군도의 수려하고 아름다운 풍광 덕분에 관광객들의 발길이 연중 내내 끊이지 않는다고 한다.

  원래는 '브리티쉬 온두라스'라는 이름으로 불리던 나라였으나, 1982년에 영국으로부터 완전히 독립하면서 '벨리즈'란 이름을 갖게 되었다. 스페인어를 사용하는 중남미의 여느 다른 나라들과는 달리 영어를 공용어로 사용하고 있으며, 신사의 나라인 영국의 식민 지배를 받은 때문인지 낮은 국민소득에 비해 국민의 의식수준은 매우 높으며 낮은 문맹률을 자랑한다.

  이 중미의 소국과 수잔과 나는 석유라는 검은 황금을 매개로 수

년 전부터 특별한 인연을 맺게 되었다. 수잔을 알기 전에도 나는 이 나라에 관한 그녀의 연구 자료들을 수차례 만난 적이 있었으나 심도 있는 연구를 하기 위한 것은 아니었다. 하지만 이 나라의 석유부존 가능성을 염두에 둔 나의 본격적인 연구 활동과 탐사작업이 시작되면서, 그녀가 앞서 남긴 연구 활동의 자료들을 집중적으로 탐독하기 시작하였다. 이 때문에, 벨리즈와 관련하여 전개된 그녀의 삶에 대한 행적들과 연구의 결과들을 알아가는 과정에서 그녀에 관한 경이로운 이야기들을 알게 되었다.

벨리즈는 20세기 중엽부터 석유부존의 가능성 때문에 세계열강들의 큰 자본들로부터 많은 주목을 받아왔다. 1950년대부터 세계 굴지의 석유회사들이 본격적으로 탐사에 참여하면서부터 유전 탐사작업이 시작되었다. 이후 1990년대에 이르기까지 다양한 첨단기술들이 동원되면서, 이 나라의 육상과 해상의 석유부존 유망지들에 대한 자세한 조사가 진행되었으나 실패에 실패를 거듭하고 말았다. 이 나라 전역의 석유부존 유망지에 대하여 50여 차례의 굴착들을 시도했지만 끝끝내 유전탐사 성공이란 낭보는 들려오지 않았다. 천문학적인 경비와 시간을 들여 다양한 조사들이 시도되었으나 한결같이 대답 없는 메아리일 뿐이었다.

많은 자본들과 장비들을 동원해 탐사에 전력을 기울였던 대형 석유회사들은 공연히 헛힘만 쓰다가 결국에는 동원된 장비들과 인력을 철수를 하지 않으면 안 되었다. 대형 유전회사들이 하나둘씩 떠나가면서, 한때 열기가 뜨거웠던 벨리즈 유전탐사도 세인들의 관심에서 점점 멀어져 갔고, 석유부존에 대한 기대도 서서히 식어 갔다. 1990년대 이후에는 더 이상 이 나라에는 단 하나의 석유회사도 남아 있지 않았다.

  이렇게 역사의 뒤안길로 멀어져간 벨리즈가 얼마 전부터 다시 세간의 주목을 받기 시작한 것은 놀라운 일이었다. 세계열강들이 모두 떠나버리고 무주공산으로 남아있던 이 나라가 석유자원으로 다시 관심을 받게 된 그 중심에는 오로지 아일랜드 출신의 수잔이라는 걸출한 여성 석유지질전문가 때문이었다.

  석유에 관한 한 불모의 땅이라며 모두들 휑하니 떠나버린 벨리즈였지만, 상당량의 석유가 매장되어 있을 것이라는 확신과 신념을 굽히지 않았던 이가 바로 수잔이었다. 세계적인 일류 석유회사들이 탐사실패란 참혹한 성적표를 들고 떠나간 자리를 그녀가 외롭게 지키고 있었다. '석유가 없는 것이 아니라 발견하지 못했을 뿐이다'라는 것이 그녀의 믿음은 확고하였다. 철저히 자신의 신념과 판단을 믿으며, 이 나라에 널리 분포하는 열대우림의 정글들을 20여 년 동안 홀로 헤집고 다니며 꾸준히 자료를 모으고 기초탐사활동을 게을리 하지 않았던 그녀였다. 주변에선 '당신의 망상일 뿐 현실을 직시하라'고 충고하였지만, 그녀는 자신의 믿음과 판단에 추호의 흔들림도 없었다.

  물론 현실은 그녀가 생각하는 만큼 녹록치는 않았다. 그녀의 이러한 신념만을 믿고 선뜻 투자하겠다고 나서는 투자자들은 세상 어디에도 없었다. 그러나 지성이면 감천이라 했던가. 그녀의 열의와 신념에도 묵묵부답인 채, 오랫동안 미루어져왔던 그녀의 벨리즈 탐사프로젝트에 투자하겠다는 이들이 드디어 나타났다. 그녀의 가상한 노력들이 결실을 맺을 수 있는 희미한 서광이 비치기 시작했다. 미국의 콜로라도에서 필생의 숙원이던 그녀의 유전발굴 탐사 프로젝트에 자금을 지원하겠다는 투자자들이 나타났기 때문이었다. 투자자금을 확보하기 위해 백방으로 뛰었던 그녀의 노력이 드디어 2004년에 첫 열매를 맺게 되었던 것이다.

이듬해 드디어 그 투자자금이 투입된 첫 굴착공사가 시작되었다. 그러나, 석유탐사란 늘 투자위험이 동반되는 어려운 프로젝트이다. 여러 가지 전문적인 변수들이 있으며, 눈부신 탐사기술의 진보에도 불구하고 성공확률이 여전히 높지 않기 때문에 최종적으로 성공하기까지 한시도 긴장을 풀 수 없는 피말리는 작업이기 때문이다.

굴착작업이 시작된 이래로 잠시도 마음의 긴장을 놓을 수 없는 날들이 이어졌다. 매 순간 굴착작업의 진행추이에 촉각을 곤두세우며 현장의 팀원들과 생사고락을 함께하지 않으면 안 되었다. 처음으로 추진하는 탐사작업들이라 여러 가지 시행착오와 난관들을 헤치며 최선을 다했던 굴착공사는 그럭저럭 한 달여 만에 끝이 났다. 얼마나 숨을 죽이고 매순간 애간장을 태우며 기다려왔던 시간이었던가!

 행운의 여신은 그녀가 흘렸던 땀방울과 수고를 외면하지 않았다. 당초 그녀가 가졌던 확고한 신념과 믿음대로 벨리즈의 중서부 지역에서 2005년 가을에 벨리즈 역사상 최초로 석유가 발견되었고, 각종 일간지들도 그녀의 성공담을 앞다투어 대서특필했다. 고진감래 끝에 찾아온 커다란 축복에 감사하며 눈물을 펑펑 쏟으며 감격했다.

 이 일로 인해 수잔은 벨리즈 건국 이래 최대의 이슈라 할 만한 엄청난 사건의 주인공이 되었다. 굴지의 석유회사들도 모두 회의적인 반응을 보이며 손을 털고 이 나라를 떠났지만, 행운의 여신은 자신의 신념과 믿음을 버리지 않고 마지막까지 최선을 다했던 수잔의 손을 마침내 들어주었던 것이다. 이후에 진행된 굴착공사들이 연이어 성공을 거두게 되면서 그녀는 벨리즈 국민들 사이에서 유사 이래 최고의 영웅으로 떠받들어졌다.

 수잔의 팀에 의한 석유발견 소식이 전 세계로 타전되면서 벨리즈는 다시 세간의 주목을 받게 되었고, 벨리즈 정부는 전 육상과 해상에 걸쳐 서둘러 광구를 재분배하여 여러 석유회사들과 조광권을 다시 체결하기에 이르렀다. 이 당시 나는 벨리즈 정부로부터 조광권을 획득한 한 석유회사에서 일을 하고 있었다. 이 일을 계기로 나도 벨리즈에 관한 광범위한 자료조사와 대대적인 탐사작업에 돌입하게 되었다.

나와 벨리즈는 이를 계기로 인연을 맺게 되었고, 현재도 벨리즈에서 새로운 석유부존 지역을 찾아내기 위해 많은 노력을 하고 있다. 수잔이 그러했듯이, 나 또한 벨리즈 지역에 한두 개의 대형유전이 존재할 것이라는 사실을 확고히 믿고 있다. 어디엔가 큰 보물이 묻혀 있으나, 여태껏 발견되지 않았을 것이란 판단이 조사와 연구가 진행될수록 확신으로 변하게 되었다.

석유가 부존되어있는 신규 유망처들을 찾아내는 작업이 결코 쉬운 일은 아니지만 어딘가에 보물이 묻혀 있다는 판단이 선 이상, 이 일을 쉽사리 포기할 수는 없다. 수잔이 그러했던 것처럼, 지난 5년의 세월 동안 벨리즈에서 새로운 유전을 발굴하기 위해 나름대로 많은 노력과 공을 들여왔다. 이제 머지않아 내가 바쳐왔던 긴 시간과 노력의 성과들이 판가름 날 수 있는 순간이 다가올 것으로 믿고 있다. 내가 지목해왔던 지역에서 시추가 진행될 것이고, 그 동안 흘렸던 땀의 대가들이 헛되지 않기를 바라며 하루빨리 그날이 다가오기를 간절히 원하고 있다.

석유탐사 작업이란 커다란 모험과 도전이 수반되는 일이라 조마조마하고 긴장된 순간들이 많지만, 이러한 긴장감들을 뛰어넘는 커다란 기대감이 함께하고 있기에 나름대로 이 일에 매력과 보람을 느낀다.

• 발문

가람과 뫼가 들려주는 지구촌 일기

안귀순
(수필가)

'입술을 지그시 깨물고 나 자신에게 최면을 걸었다.'
어려운 일이 닥치면 늘 그렇게 해왔듯이.

'데이비드 교수는 도무지 답이 보이지 않는 숙제를 안겨주며 닦달 했다. 온타리오 어느 조그만 시골마을에 흩어진 화석산호초 들을 찾아 그들의 생성과 그 후 겪었던 과정들을 밝혀보라. 그들이 흘러온 4억 년 동안 겪었던 세월의 흔적과 역사를 파악해 보라는 명이었다. 내 나라 내 땅의 것들도 밝혀내기가 어려운데 상대는 이역만리에 있는 화석화된 산호초 잔해들(암석)이다. 그에 대해 참고해 볼 자료라곤 거의 없었다. 이 작은 마을 곳곳에 여기저기 흩어진 손톱만한 잔해들이 있을 뿐.'

화석산호초야! 나는 너희들의 역사와 모질게 깎여진 아픔의 세월을 듣고 싶다. 죽어도 쓰러질 수 없는 화석산호초로 억년을 버티며 이곳에 살아남은 힘은 무엇이며, 나날이 멸종되어 가는 종족의 한은 무엇인가. 우리 허심탄회하게 얘기 좀 해 보자고.

그래도 여기서 포기하고 주저앉을 수는 없다. 어떻게 여기까지 왔는데…. 40도를 넘나드는 열대의 외로운 섬에서 말 못하는 화석산호초들을 상대로 끈질긴 대화를 시도했다. 연일 땀으로 샤워를 하며 음식까지 식성에 안 맞아 몸은 나날이 지쳐갔지만 미친 듯 상처투성이의 화석들을 향해 끊임없이 말을 걸었다. 아예 통사정을 하며 무작정 그들 내면으로 파고들었다.

어느 날 넷망을 서핑하다 이 글들을 접했다. 동토의 땅 온타리오의 어느 작은 시골마을에 처참한 자태를 드러내고 있는 낯선 화석산호초 이야기다. 지구의 마지막 자연을 품고 있는 '카리브해안'의 초록빛 바다와 그 속에 한들대는 환상적인 산호초를 그리며 나도 모르게 이야기 속으로 정신없이 빨려들고 있었다. 인터넷의 매력이라면 이처럼 남의 집을 드나들며 인사도 기척도 없이 주인의 보물을 훔쳐보는 재미가 아닌가.

오래전 이야기다. 당시에 인터넷 문화가 처음으로 보급되면서 글을 쓰는 문사들이나 젊은 층에서 간혹 홈페이지를 열고 자신의 작품들을 올리거나 사랑방을 두고 누구나 격의 없이 대화를 나누었다. 당시에 나 역시 '초원의 집'이란 홈피를 운영하고 있었으니,

국내는 물론 세계 각국에 나가있는 교포들과 문우들이 서로의 정보를 나누며 유익한 교류를 가졌다. 조국을 떠난 분들은 고향에 대한 향수를 달랬고, 우리는 울타리 밖의 이색적인 문화를 접하며 세월 가는 줄 몰랐다.

그때 만난 분이 '가람과 뫼'라는 아이디로 활동하던 김규호씨다. 사물을 바라보는 시선이 따스하고 서정적인 감성의 문체가 인상적이었다. 무엇보다 이색적인 현장성을 곁들인 생생한 글을 많이 올려 네티즌들의 호기심을 끌었다. 어린 날 109원이 없어 초등학교 수학여행을 못 갔고, 청소년기엔 여러 질병에 시달리며 우울한 소년기를 보냈다. 온갖 절망을 딛고 일어서 최고학부를 마치고 부부 교사로 살면서 안정된 삶을 추구할 수도 있었다. 그러나 선진 외국의 앞선 학문을 배우고픈 열망과 최고의 전문가가 되기 위한 대망의 꿈을 위해 당시로서는 쉽지 않은 유학의 길을 선택했던 분들이다.

당시에 나는 그분의 사이트를 자주 드나들었다. 거의 날마다 올리는 글 광주리에 묻혀 야금야금 이국의 생경한 풍경과 문화에 잔뜩 재미를 느낄 무렵, 어느 날 갑자기 홈피를 닫겠다는 멘트가 떴다. 클라이맥스에 오른 영화가 중단되는 아쉬움이랄까. 동토의 외진 곳, 열사의 외로운 섬에서 화석화된 산호초들을 마주하고 앉아 무작정 말을 걸고 답을 구하던 딱한 남자. 그 화석들과의 결말이 무척 궁금했지만 어쩔 수가 없었다. 잠시 후면 막을 내릴 사이트에서 귀한 수필 몇 편을 복사하여 훔치듯 내 글방으로 옮겼다.

혼자 읽고 버리기가 아까워서였다. 그날 이후 인터넷도 많은 발전과 변화를 거치면서 경제적 시간적인 부담을 안고 있던 여러 개인 홈피들이 사라졌다. 더불어 '한국문학도서관' '싸이' '다음'과 같은 대형 사이트에서 무료로 제공하는 블로그가 오히려 성행을 했다. 나 역시 무료사이트를 찾아 옮겨 다녔다. 이리저리 짐을 끌고 몇 번의 이사를 했지만 그분의 글을 지울 수가 없었다. 지금은 거의 찾지 않아 폐가나 다름없이 변한 블로그지만 어느 날 글방을 들여다보다가 깜짝 놀랐다. 주인이 방치해 버린 빈집에 언제 그렇게 다녀갔는지, 수많은 사람들이 스쳐간 흔적들을 보았다. 더욱이 '가람과 뫼가 들려주는 지구촌 일기'엔 무려 일만 사천이 넘는 조회 수가 있어 가슴이 뭉클했다.

십년쯤 지났을까. 그날의 기억들도 가물가물할 무렵 국제전화를 타고 낯익은 목소리가 들려왔다. 김규호씨였다. 의례적인 안부를 묻고 대뜸 요즘도 글을 쓰느냐고 물었더니 그렇단다. 당신의 재능도, 글 소재도 아깝다며 수필문단에 등단을 권유했더니 의외로 선뜻 응해 주었다. 그러고 또 십여 년이 흘렀을까. 연초에 소식이 왔다. 나는 그날처럼 또 물었다. 아직도 글을 쓰느냐고. 그동안 써 모은 작품이 수백 편은 된다는 답이다. 무작정 반가웠다. 구슬도 꿰어야 보배라는데 슬며시 출간을 제의했더니 안 그래도 그 일 때문에 나를 찾았다나. 자칫 묻힐까 염려했던 '가람과 뫼의 지구촌 일기'가 이렇게 빛을 보게 되었으니 경하할 일이다.

  자연과 문학을 지독히 사랑하는 남자. 글 속에는 전문적인 학문이나 인간승리에 대한 우쭐함은 찾아 볼 수 없다. 한식과 양식이 자연스레 공존하는 가족들의 정겨운 식탁, 외국의 대학 강단에 처음 서던 날 영어 발음이 자신이 없어 긴장했다는 '첫 수업'의 고백, 연구 프로젝트를 위해 허름한 작업복 차림에 해안의 돌밭을 뒤지는 그들 일행에게 일개 부대를 동원하여 간첩소동을 일으킨 대한민국 해병들과의 해프닝, 글 행간마다 진솔한 생의 고백과 고국을 그리는 애틋한 그리움들이 물씬 풍긴다. 30여 년 이국을 떠돌며 만났던 많은 사람들과의 인연을 소중하게 기록한 글들이 인상적이다. 유학생 기숙사에서 온갖 어려움을 겪으면서도 서로 위하고 도우며 동족끼리 나누는 우정을 접하며 나도 모르게 가슴이 훈훈해 왔다.

  "안방에 앉아서 무상으로 지구촌 곳곳을 멋지게 여행한 기분입니다."

내게 보내온 수필집 초고를 읽고 써 보낸 소감문이다. 그만큼 이 책을 접하는 분들께 기쁜 마음으로 추천하며 꼭 일독을 권하고 싶다. 2집 3집을 기대하며 문운을 빈다.